Bernd Oberhoff (Hg.)
Die Musik als Geliebte

IMAGO
Psychosozial-Verlag

Bernd Oberhoff (Hg.)

# Die Musik als Geliebte

Zur Selbstobjektfunktion der Musik

Bibliografische Information Der Deutschen Bibliothek
Die Deutsche Bibliothek verzeichnet diese Publikation in der Deutschen
Nationalbibliografie; detaillierte bibliografische Daten sind im Internet
über <http://dnb.d-nb.de> abrufbar.

Lektorat: Uli Ellwanger/Lars Steinmann
Satz: Mirjam Juli
Umschlagabbildung: J. W. Waterhouse: The Siren, 1901
Umschlaggestaltung: Christof Röhl
nach Entwürfen des Ateliers Warminski, Büdingen
Printed in Germany
ISBN 978-3-89806-268-8

# Inhalt

Vorwort                                                                      7

*Bernd Oberhoff*
»Diese Musik versteht mich!« – Die Musik als Selbstobjekt                     9

*Sebastian Leikert*
Die Stimme als Geliebte – Zur Transformation
früher Beziehungsengramme in der Musik                                       43

*Sebastian Leikert*
Stimme, Abwehr und Selbstkonstitution - Ein Werkstattbericht                 63

*Karin Nohr*
Die Stimmenimago.
Ein Beitrag zum Verständnis heilsamer Wirkungen
in Musik und Therapie                                                        81

*Rosemarie Tüpker*
Selbstpsychologie und Musiktherapie                                          99

*Bernd Oberhoff*
Die Musik als Spenderin des narzisstischen Wohlgefühls                      139
Eine experimentelle Pilotstudie

Autorinnen und Autoren                                                      165

# Vorwort

Der vorliegende Band enthält alle Vorträge und Werkstattberichte des »2. Coesfelder Symposiums Musik & Psyche«, das vom 31. 8. bis 1. 9. 2002 in der Kolping-Bildungsstätte in Coesfeld/Westfalen durchgeführt wurde, zum Thema »Die Musik als Geliebte. Zur Selbstobjektfunktion der Musik«. Beim »Coesfelder Symposium Musik & Psyche« handelt es sich um eine Veranstaltungsreihe, die im Jahre 2001 begonnen wurde und eine kontinuierliche jährliche Fortsetzung erfährt. Im Mittelpunkt steht die Frage nach dem Seelischen in der Musik. Entsprechend wendet sich das Symposium sowohl an Fachkräfte aus dem Feld von Psychoanalyse und Psychologie als auch aus Musikwissenschaft, Musiktheater und Musiktherapie, aber ebenso an jeden Musikliebhaber, der daran interessiert ist, auf die Frage nach dem Seelischen in der Musik Antworten zu finden.

Die Wahl des Titels »Die Musik als Geliebte« entsprang der Erfahrung, dass wir uns oftmals von Musik in einer sehr persönlichen Weise angesprochen und in unserem Innersten verstanden fühlen, wie wir dies ansonsten nur von geliebten Menschen erfahren. Musik kann offenbar zu einem (symbolischen) Ersatzobjekt, ja zu einer Geliebten avancieren, was sich an etlichen Musikliebhabern und Musikern beobachten lässt, bei denen man mitunter den Eindruck gewinnt, dass sie mit ihrer Musik geradezu »verheiratet« sind.

Das »2. Coesfelder Symposium Musik & Psyche« hatte es sich zur Aufgabe gemacht, Erkenntnisse aus der Narzissmusforschung und der Selbstpsychologie heranzuziehen, um ein solches Verhältnis zur Musik wie zu einem menschlichen Selbstobjekt näher in den Blick zu nehmen. Es war zu erwarten, dass der Stimme in diesem Zusammenhang eine besondere Bedeutung zukommt, so dass es nicht verwundert, dass einige Beiträge sich speziell mit der menschlichen Stimme beschäftigen. Im Rahmen der Hörwerkstatt wurde ein Forschungsprojekt zum Musikerleben in Angriff genommen, das sich entsprechend der Symposiums-Thematik mit der Untersuchung narzisstischer Qualitäten in der Musik beschäftigt hat. Die Ergebnisse dieser experimentellen Pilotstudie zur »Musik als Spenderin des narzisstischen Wohlgefühls« sind in diesem Band bereits enthalten.

Im Februar 2003
Der Herausgeber

# »Diese Musik versteht mich!« –
# Die Musik als Selbstobjekt

*Bernd Oberhoff*

»Wenn wir uns im Bewundern eines ... Kunstwerkes erhoben fühlen, bilden die alten erhebenden Erfahrungen – etwa von der starken, bewunderten Mutter hochgehoben zu werden und mit ihrer Größe, Sicherheit und Ruhe emotional verschmelzen zu können – die unbewussten Untertöne für die Freude, die wir als Erwachsene jetzt empfinden...« Heribert Wahl (1994, S. 97)

Musik ist eine Erfindung des menschlichen Narzissmus. Diese Annahme drängt sich auf, weil Musik in besonderer Weise dazu befähigt ist, das narzisstische Lebensgefühl der »erhebenden Erhabenheit« zum Ausdruck zu bringen. Der Ausspruch »Musik ist Nahrung für die Seele« lässt sich entsprechend spezifizieren zu »Musik ist Nahrung für den Narzissmus«.

Unser Wissen über den menschlichen Narzissmus ist bislang noch sehr gering. Die psychoanalytische Narzissmusforschung steckt sozusagen noch in den Kinderschuhen. Allerdings wissen wir mittlerweile so viel, dass der Narzissmus nicht nur eine Pathologie ist, sondern dass es auch einen gesunden Narzissmus gibt, der sich in einem bestimmten positiven Existenzgefühl oder Selbstgefühl ausdrückt, das man annäherungsweise mit »erhebender Erhabenheit« (Grunberger) umschreiben kann. Und nur mit diesem gesunden Narzissmus werde ich mich im Folgenden beschäftigen. Der Mensch benötigt dieses besondere Gefühl, das ihn innerlich ausgeglichen sein lässt und ihn darüber hinaus zu Höchstleistungen anzuspornen vermag (vgl. Erdheim 2001), weil ihm letztendlich nur auf der Grundlage dieses Hochgefühls das Leben als wirklich lebenswert erscheint. Aber dieses Gefühl unterliegt im Laufe des Lebens Wandlungs- oder Transformationsprozessen. Für den Fötus sind andere Erfahrungen narzisstisch erhebend als für das Kleinkind oder für den Erwachsenen. Entsprechend möchte ich im Folgenden einen fötalen von einem frühkindlichen und einem erwachsenen Narzissmus unterscheiden.

Ich werde zunächst diese unterschiedlichen Entwicklungs- und Erlebnisstadien kurz charakterisieren. In einem zweiten Teil wird es dann darum gehen, zu untersuchen, inwieweit die Musik in der Lage ist, für diese unterschiedlichen narzisstischen Wünsche und Befindlichkeiten als ein (symbolisches) Selbstobjekt zu fungieren, d. h. die dem jeweiligen Entwicklungsstadium entsprechenden narzisstischen Gefühle erhebender Erhabenheit auszudrücken und den Hörer erleben zu lassen.

## 1. Entwicklungsstadien des Narzissmus: Vom archaischen zum intersubjektiven Narzissmus

Sigmund Freud berichtet in seiner Schrift »Das Unbehagen in der Kultur« (1930a [1929]) davon, dass ihm sein Freund, der französische Dichter Romain Rolland, in einem Brief mitgeteilt habe, dass für ihn die eigentliche Quelle der Religiosität ein besonderes Gefühl sei: »Ein Gefühl, das er die Empfindung der ›Ewigkeit‹ nennen möchte, ein Gefühl wie von etwas Unbegrenztem, Schrankenlosem, gleichsam ›Ozeanischen‹ ... Nur auf Grund dieses ozeanischen Gefühls dürfe man sich religiös heißen, auch wenn man jeden Glauben und jede Illusion ablehne« (ebd., S. 421f.).

Freud benutzt diese Gedanken, um daran eigene entwicklungspsychologische Reflexionen anzuschließen und den ursprünglichen Ort für dieses »ozeanische Gefühl« in der frühen Kindheit, in einem »primären Ich-Gefühl« zu suchen. Er schreibt:

> »Unser heutiges Ich-Gefühl ist ... nur ein eingeschrumpfter Rest eines weitumfassenderen, ja – eines allumfassenden Gefühls, welches einer innigen Verbundenheit des Ichs mit der Umwelt entsprach. Wenn wir annehmen dürfen, dass dieses primäre Ich-Gefühl sich im Seelenleben vieler Menschen – in größerem oder geringerem Ausmaße – erhalten hat, so würde es sich dem enger und schärfer umgrenzten Ich-Gefühl der Reifezeit wie eine Art Gegenstück an die Seite stellen, und die zu ihm passenden Vorstellungsinhalte wären gerade die der Unbegrenztheit und der Verbundenheit mit dem All, dieselben, mit denen mein Freund das »ozeanische« Gefühl erläutert« (ebd., S. 428).

Der eigentliche und uranfängliche Ort dieses ozeanischen Gefühls scheint mir jedoch noch früher zu liegen. Das vollkommene und nie mehr zu erreichende Urbild solch einer Erfahrung von unauflöslicher Verbundenheit mit einem grenzenlosen Objekt ist das Leben im Mutterleib. Das fötale Leben ist im wesentlichen durch zwei Erfahrungen von erhebender Erhabenheit gekennzeichnet: 1. Durch die Versorgungseinheit mit der Mutter gibt es nie ein Gefühl des Mangels sondern nur eines der unerschöpflichen Fülle. Grunberger: »Der Fötus ist ein vollkommener Parasit, dessen Überleben gänzlich der Mutter obliegt. Er hat nichts zu wünschen, da seine Bedürfnisse, die sich nicht als solche herausbilden müssen, automatisch und unablässig durch die Mutter befriedigt werden« (Grunberger und Dessuant 2000, S. 50). Der Fötus ist sozusagen wunschlos glücklich. 2. Neben dieser Versorgungseinheit mit der Mutter gibt es noch eine zweite grandiose Erfahrung, und zwar die leibliche Verschmolzenheit mit der Mutter. Wo der Körper des Fötus seine Grenze hat und wo der Körper der Mutter beginnt, ist nicht genau auszumachen. Entsprechend bildet sich ein Empfinden grenzenloser, harmonischer Verbundenheit mit einem Objekt, dessen Ausdehnung scheinbar unendlich ist. In der körperlichen Verschmolzenheit mit der Mutter kommt »ein Aspekt jener Unendlichkeit zum Ausdruck, die der Fötus erlebt, dessen unbegrenztes Universum eine Flüssigkeit ist, (das Urmeer)« (ebd., S. 44).

Dieser Zustand der Fülle, der Harmonie und der Grenzenlosigkeit erscheint uns Menschen gleichsam als das Paradies, aus dem wir durch die Geburt vertrieben werden. Die Geburt bedeutet das Ende des Zustandes pränataler kosmischer Geborgenheit. Was bleibt ist eine ewige Sehnsucht nach diesem Zustand vollkommener Einheit und Harmonie. Unser entwickeltes Ich wird danach trachten, diese besonderen unaussprechlichen uterinen Sinnesempfindungen wiederherzustellen, sei es mittels realer Substitute oder in Gestalt von Phantasien oder symbolischer Ausdrucksformen. Argelander (1971) zählt einige auf:

> »Die große Sehnsucht der Menschheit, die Erde und das Weltall zu erforschen, auf den Meeren zu schwimmen und in der Luft zu fliegen, verdankt ihre Motivation unbewussten primär-narzisstischen Phantasien ... Das Fliegen geht mit einem Gefühl des unendlichen Wohlbehagens einher und entspringt einer Vorstellung von Sicherheit, in der einem nichts widerfahren kann ... Die typischen ›reinen‹ primärnarzisstischen Phantasien kreisen um kosmische Themen oder Beziehungen zu den Elementen ... Im Grunde genommen handelt es sich um Verschmelzungsphantasien mit einem diffusen elementaren Objekt« (Argelander 1971, S. 362ff.).

Kurzzeitig erlebte Abkömmlinge dieses pränatalen Seins im Leben von erwachsenen Menschen sind das Gefühl der Ganzheit und Vollkommenheit, das Gefühl von Allmacht und Erhabenheit, das Gefühl der Unendlichkeit, der Unsterblichkeit, der Reinheit, der Einmaligkeit und Einzigartigkeit etc. All diese Befindlichkeiten, die wir in der Religion, in der Kunst oder im Sport u. a. wiederherzustellen und wiederzuerleben versuchen, reichen bis tief in unsere fötalen Existenzbedingungen hinab. Dieser archaische, reine oder fötale Narzissmus bildet die unterste Stufe narzisstischen Erlebens. Er ist prä-subjektiv, geht mit einem ozeanischen Gefühl einher und bezieht sich auf ein diffuses Objekt kosmischer Weite, das die Qualität einer Gottheit besitzt.

Die im Mutterleib erlebte Situation paradiesischer Fülle und Sicherheit spendender Geborgenheit erfährt durch die Geburt ein jähes Ende. Trotzdem versucht der Säugling, die vertraute Situation mit der Mutter nach der Geburt aufrechtzuerhalten, und er tut dies durch den Aufbau von zwei neuen Systemen narzisstischer Vollkommenheit, deren Beschreibung wir Heinz Kohut zu verdanken haben. Es handelt sich dabei um das *Größenselbst* und die *idealisierte Elternimago*.

In der Konfiguration des *Größenselbst* wird die Mutter vom Säugling noch nicht als eigenständige Person sondern als noch innerhalb seiner Selbstgrenzen liegend und damit zum eigenen Selbst gehörend wahrgenommen. Entsprechend beansprucht das Kind die volle Kontrolle und Macht über dieses Selbstobjekt, um seine Phantasie eines gemeinsamen grandiosen Selbst aufrechterhalten zu können, mit dem es sich als verschmolzen erlebt. Eine Mutter, die im frühkindlichen Größenselbst, das Selbst ihres Säuglings genau in der Art und Weise stützt und fördert, wie er es benötigt, nennt Winnicott (1971) ein subjektives Objekt (vgl. Tenbrink 2002). Solch ein Objekt erlebt der Säugling als innerhalb seines Omnipotenzbereiches, als von ihm erschaffen und in seiner Verfügungsgewalt. Entzieht sich die Mutter dieser Illusion ihrer absoluten Verfügbarkeit, so treten beim Säugling Ängste des Zusammenbrechens und Auseinanderfallens auf, und er reagiert mit narzisstischer Wut. Das Gefühl der Grandiosität ist in der Konfiguration des Größenselbst eng mit dem Körper verbunden. Die Lust, den eigenen Körper zu zeigen, Bewunderung und Berührung zu erfahren, ist sehr ausgeprägt. Das Erhebende wird hier im wahrsten Sinne des Wortes im körperlichen Hochgehobenwerden erfahren.

Die zweite Konfiguration, die das Kleinkind ausbildet, um sich das ozeanische Gefühl von erhebender Erhabenheit zu erhalten, ist die *idealisierte Elternimago*. Diese Position stellt insofern ein Entwicklungsfortschritt dar, als hier die Elternperson bereits als eine getrennte und unabhängige Person wahrgenommen wird. Es besteht aber beim Kind die Weigerung, die Realität ihrer menschlichen Begrenztheit zur Kenntnis zu nehmen. Diese Person wird übermäßig idealisiert und mit heldenhaften Eigenschaften ausgestattet, von dessen Glanz dann etwas auf das eigene Selbst abstrahlt, sofern sich das Kind mit dieser großartigen Person in einer guten und engen Beziehung erlebt.

Beide Systeme beinhalten die für den Narzissmus typische Tendenz, »die menschliche Konfiguration durch Vergrößerung aufzulösen« (Argelander 1971, S. 364). Der Narzissmus zielt auf das Große, das Grandiose, das Vollkommene, die kosmische Weite. Der Narzissmus treibt den Menschen zur Höchstleistung und zur Realisierung des Nicht-Für-Möglich-Gehaltenen, des Unglaublichen und des Noch-Nie-Dagewesenen. Der gefürchtetste und am meisten bekämpfte Gegenspieler des Narzissmus ist verständlicherweise der Tod, der die größte narzisstische Kränkung darstellt, indem er die Vergänglichkeit, Kleinheit und Unbedeutendheit des einzelnen Menschen aufzeigt. Dagegen setzt der Narzissmus die Vision von der Genialität, Größe und Unsterblichkeit des Menschen. Das narzisstische Lebensgefühl erhebender Erhabenheit und sein Streben nach Perfektion und Vollkommenheit ist also letztendlich ein Sich-Aufbäumen gegen den Tod. Besonders die künstlerischen Schöpfungen sind in dieser Hinsicht Bollwerke gegen den Tod, denn sie zielen auf Ewigkeit und Unsterblichkeit; so sprechen wir z. B. in der Musik von unsterblichen Melodien.

Der archaische Narzissmus, der auf Verschmelzung mit einem diffusen Objekt kosmischer Größe angelegt ist, wird in der Frühzeit des nachgeburtlichen Lebens mit einer neuen Realität konfrontiert. Die Mutter wird zwar in den ersten Monaten nach der Geburt zunächst als ein gottähnliches, überdimensioniertes Objekt erlebt, mit dem sich der Säugling zu einer Einheit verschmolzen erlebt. Aber dieses Objekt ist nicht eine ferne Gottheit sondern eine nahe und liebevolle Mutter. Durch diese neue Qualität menschlicher Wärme und liebevoller Zugewandtheit erfährt das arachaisch-kosmische Ewigkeitsgefühl ganz allmählich eine Wandlung in Richtung eines menschlichen Beziehungsgefühls. Diese Entwicklung ist zum einen dem Wirken des Realitätsprinzips zuzuschreiben, das mit zunehmender Wahrnehmungsfähigkeit und intellektueller Reifung des Kleinkindes dieses zu einer Revision seiner übersteigerten narzisstischen Illusionen zwingt. Aber wahrscheinlich ist es nicht nur das, sondern auch die positiven Erfahrungen mit den Eltern, die, obwohl menschlich begrenzt, doch etwas sehr Wichtiges anzubieten haben, was fernen kosmischen Göttern nicht zu Gebote steht, nämlich emotionale Wärme, empathische Resonanz, positive Spiegelung und Bestätigung der individuellen Einzigartigkeit sowie das Sich-Einschwingen in ein gemeinsames Gefühl.

Indem im Erleben des Kindes die Mutter sich von einer archaischen Göttin zu einer bewunderten Mutter wandelt, erreicht auch der Narzissmus ein neues Stadium: Der archaische Narzissmus wandelt sich zu einem menschlichen Narzissmus, bei dem das individuelle Selbst des Kleinkindes durch eine andere Person positiv gespiegelt wird. An die Stelle des diffusen archaischen Objekts tritt nun ein fürsorgliches und einfühlsames Selbstobjekt, das in angemessener Weise auf die zentralen narzisstischen Wünsche des kleinen Menschen an die Welt reagiert, die da lauten:»Halte mich, liebe mich, schau mich an, höre mir zu, beachte mich, bewundere mich und erkenne mich an!«Altmeier (2000) bemerkt dazu:

> »All diese unterschiedlichen Aufforderungen an die Welt haben eines gemeinsam: Sie zeigen ein Verhältnis zu sich selbst, das mit dem Verhältnis zur Umwelt in besonderer Weise verkoppelt ist ... Das Selbstverhältnis, das im Narzissmus aufscheint, ist intersubjektiv ›kontaminiert‹. Die Objekte wirken dabei als Spiegel des Selbst, das sich darin seiner Selbst zu vergewissern versucht ... Eine positive Selbstbeziehung ist an die Erfahrung von Anerkennung gebunden. Erst aus der Erfahrung der Anerkennung durch das primäre Objekt taucht das Selbst als etwas eigenes auf« (ebd., S. 144).

Mit dieser Betonung der Intersubjektivität im narzisstischen Erleben kommen wir zu einer dritten narzisstischen Konfiguration, die durch eine *reife intersubjektive Verbundenheit* charakterisiert ist. Die Suche nach einer Selbstobjektbeziehung findet demnach nicht nur in der Kindheit statt, sondern begleitet den Menschen ein Leben lang. Die Entwicklung besteht nicht darin, dass auf Selbstobjekte verzichtet wird oder sie überflüssig werden, sondern die Selbstobjektbedürfnisse erfahren im weiteren Verlauf des Lebens einen Gestaltwandel. An die Stelle von kindlichen Größenillusionen treten reifere Formen von Selbstobjektbedürfnissen: So wandelt sich etwa das Bedürfnis nach physischem Gehaltensein in ein Bedürfnis nach Gehaltensein durch empathische Resonanz, d. h. in den Wunsch, von einem erwachsenen Selbstobjekt liebevoll wahrgenommen und differenziert verstanden zu werden. Die erwachsene Selbstobjektsuche zielt auf einen Menschen, der mir mit Wertschätzung begegnet, in der sich die Einzigartigkeit und Bedeutsamkeit meiner Person wie auch die

Einzigartigkeit und Bedeutsamkeit der gemeinsamen Beziehung wider-spiegelt und eine wechselseitige intersubjektive Verbundenheit gelebt werden kann, die auch Momente der Verschmelzung umfasst. Neville Symington (1997) spricht unter Bezugnahme auf ein reifes Selbstobjekt von einem *lifegiver*, einem Lebensspender. Das scheint mir die bislang treffendste Bezeichnung für ein reifes Selbstobjekt zu sein.

Allgemein lässt sich sagen, dass Selbstobjektbeziehungen im Erwachsenenleben weniger intensiv sind als in der frühen Kindheit. Und das ist ein Grund dafür, dass es für einen erwachsenen Menschen möglich ist, persönliche Selbstobjekte durch *symbolische Selbstobjekte* zu ersetzen, was zunehmend geschieht. So kann auch die Kultur in ihren verschiedenen Ausformungen und Gestaltungen als Selbstobjekt fungieren und die aufgeführten Funktionen, nämlich das individuelle Selbst zu stützen, zu einem guten Teil übernehmen. Und dazu zählt u. a. auch die Musik, die die Rolle eines symbolischen Selbstobjekts annehmen kann, und zwar, wie ich darlegen möchte, sowohl eines archaischen als auch eines frühkindlichen und eines reifen Selbstobjektes. In Abb.1 sind die genannten Entwicklungsstufen des Narzissmus mit den dazugehörigen Beziehungsgefühlen und Selbstobjekten noch einmal in einer Übersicht dargestellt.

| | **Beziehungsgefühl** | **(Selbst-)Objekt** |
|---|---|---|
| **1. Fötaler Narzissmus** (prä-subjektiv) | ozeanisches Gefühl, Empfindung von Ewigkeit | *Archaisches Objekt* - diffuses Objekt, Gottheit |
| **2. Frühkindlicher Narzissmus** a) Größen-Selbst | Omnipotenzgefühl, Verschmolzenheit im grandiosen Selbst | *Größenselbst* - liebevolle grandiose Mutter (als Teil des Selbst) |
| b) Idealisierte Elternimago | Zugehörigkeitsgefühl zu idealisiertem Größen-Du | *idealisiertes Selbstobjekt* - Held, Idol, Star, Autorität |
| **3. Erwachsener Narzissmus** (reife intersubjektive Verbundenheit) | Empathische Resonanz: differenziert verstanden und liebevoll wahrgenommen werden | *reifes Selbstobjekt/ symbolisches Selbstobjekt* - Liebespartner, Freund - Lifegiver - Kultur, u. a. Musik |

Abb. 1: Entwicklungsstufen des Narzissmus

15

## 2. Die Entwicklungsstufen narzisstischen Erlebens in der Musik

Ich möchte Sie nun einladen, mit mir einen Streifzug durch die Musikgeschichte zu unternehmen, um Musikstücke aufzufinden, die diese verschiedenen Qualitäten narzisstischer Befindlichkeit zum Ausdruck bringen. Ich werde Ihnen für die aufgeführten narzisstischen Entwicklungsstadien jeweils Musikbeispiele präsentieren. Dabei ist es sicherlich nicht rein zufällig, dass auch die Musikstücke musikgeschichtlich in einer zeitlichen Aufeinanderfolge stehen. Unser gemeinsamer psychoästhetischer Weg durch die Musikgeschichte wird seinen Ausgangspunkt bei den Anfängen der abendländischen Musik nehmen, d. h. bei den Kirchengesängen in den ersten Jahrhunderten unserer Zeitrechnung.

### 2.1. Die Musik als archaisches Objekt
*a) Die Gregorianische Einstimmigkeit*
Am Beginn der abendländischen Musik finden wir in den frühchristlichen Kirchen eine Musik vor, die als ein sehr überzeugender Ausdruck der Welt des archaischen Narzissmus angesehen werden kann. In der Einstimmigkeit des gregorianischen Gesangs drückt sich die uranfängliche Einheit aus, die vor aller Subjektivität und Individualität liegt. Die Individualität des einzelnen Sängers ist noch nicht geboren. Er bleibt eingetaucht in die kollektive Einheit des monophonen Gesangs, der jegliches Individuelle nivelliert. Diese Ur-Einheit der gläubigen Menschen mit Gott vollzieht sich in einem heiligen Raum, in einer Kirche. Und der gregorianische Gesang entfaltet seine archaisch-religiöse Atmosphäre vorzugsweise in großen Hallenkirchen, die über einen ausgedehnten Nachhall verfügen. Die Einstimmigkeit des Chorgesangs verbindet sich hier zusammen mit dem Raumhall zu einem beeindruckenden Sinnbild eines göttlichen Allraums, eines Raums, der nicht den Begrenztheiten irdischer Räume unterliegt, sondern von grenzenloser kosmischer Weite ist. Außerdem verbindet sich der Raumhall bei diesem einstimmigen Gesang mit noch einem weiteren künstlerischen Stilmittel, das die unendliche Weite des göttlichen Kosmos unterstreicht: Das sind die für unser Ohr leer klingenden Intervalle von Einklang, Oktave und Quinte, die im melismatischen Gesang der Schola umspielt werden und zu denen die Melodielinien immer wieder zurückfinden. Die Oktave ist vom Einklang

kaum zu unterscheiden, sie ist nahezu identisch mit dem Grundton und bildet mit ihm eine undifferenzierte Einheit. Zusammen mit der Quinte, die ohne das Hinzutreten der Terz ebenfalls etwas Leeres hat, entsteht im Hörer ein atmosphärischer Eindruck von Unendlichkeit und Ewigkeit.

Oftmals finden wir im frühen gregorianischen Gesang noch einen Halteton oder Liegeton, auf dem die tiefen Männerstimmen orgelpunktartig ausharren. Dieser Halteton hat zum einen die Funktion, den jeweiligen kirchentonartigen Modus zu markieren und damit die Töne festzulegen, die die Oberstimme für ihre Choralmelodie benutzen darf. Aber er ist natürlich gleichzeitig – als ein nahezu »ewig« klingender Ton – auch ein sehr eindrückliches Sinnbild für den göttlichen Urgrund, der alle Gläubigen trägt und hält.

Wenn wir die Bezogenheit zwischen melismatischer Stimme und den Liegeton noch einmal auf dem Hintergrund unsere Kategorien von Beziehungsgefühl und Selbstobjekt betrachten, so lässt sich sagen, dass der Liegeton in besonderer Weise als ein Ausdruck eines archaischen Objekts, einer archaischen Gottheit erlebt werden kann, die den Urgrund bildet und der unbedingt Gehorsam zu leisten ist. Der Liegeton bestimmt den Modus, er legt damit die Tonreihe ebenso wie den Ambitus fest und z. T. auch die Tonfolge, die vom melismatischen Cantus benutzt werden darf. Umgekehrt hat die Choralstimme keinerlei Einfluss auf den Liegeton. Der Liegeton ist absolut autonom und bestimmt die Regeln. Es herrscht zwischen den Stimmen also kein Zustand der Intersubjektivität, eines wechselseitigen Austausches oder einer Abstimmung. Sondern es wird in diesem Gesang eine menschlich-göttliche Ordnung dargestellt, die auf Gesetz und Gehorsam basiert. Das Beziehungsgefühl ist ein ozeanisches, ein Ewigkeitsgefühl, und das Objekt eine archaische Gottheit.

Es gab von Anbeginn an unter den Geistlichen Bedenken gegen Musik im kirchlichen Raum, angefangen bei Augustinus, der im Gesang ein »wollüstiges«, ja gefährliches Vergnügen erblickte:

> »Ich bin hin- und hergerissen zwischen der Gefahr und der Erfahrung des Heils. Wenn mich zuweilen der Gesang mehr anrührt als der Sinn der gesungenen Worte, habe ich mich einer großen Sünde schuldig gemacht, und es wäre besser für mich, wenn ich den Gesang des Kantors nicht hörte« (zitiert nach »Les très riches Heures du Moyen Age« 1995, S. 17).

Musik enthält also zweierlei: die Erfahrung des Heils und eine Gefahr. Die Musik als Mittel zur Erfahrung des Heils ist unmittelbar verständlich: Indem Musik eine höhere geistige Ordnung abbildet und der gesungene Text Glaubensinhalte übermittelt, stellt sie sich in den Dienst der Verkündigung des Reiches Gottes. Warum aber soll Musik eine Gefahr sein? Musik ist insofern eine Gefahr, als sie eine Sprache des Gefühls ist und die Wirkmacht besitzt, bewusste wie unbewusste Gefühle beim Hörer in Schwingung zu versetzen. Wer also die eigenen Gefühle nicht wahrnehmen möchte, sei es, dass er sie aus einem bestimmten Glaubensverständnis heraus als sündig und unrein ablehnt, wie Augustinus im obigen Zitat, oder sei es, um sich vor der Wiederkehr des Verdrängten zu schützen, für den kann Musik eine Gefahr bedeuten.

Die Zuwendung zu den eigenen Gefühlen, und speziell den narzisstischen Gefühlen, wurde von der Kirche über Jahrhunderte heftig bekämpft. Entgegen dem Gebot »Liebe Deinen Nächsten wie Dich selbst«, in dem die Selbstliebe ausdrücklich enthalten ist, wurde von der Kanzel herab die Selbstliebe stets als moralisch verwerflich und sündhaft angeprangert. Die altruistische Liebe, der Dienst am Nächsten galt und gilt als die wahre christliche Liebe. Bezogen auf diese abqualifizierende Haltung gegenüber der Liebe zum eigenen Selbst und den zu diesem Selbst gehörenden Affekten, Wünschen und Triebregungen muss die Musik in der Tat als eine Gefahr angesehen werden, denn sie steht im Dienst des Narzissmus. Solange Musik Ausdruck des archaischen Narzissmus ist, bleibt sie mit dem Glauben an einen christlichen Gott kompatibel. Doch der Narzissmus verharrt nicht ewig auf der archaischen Stufe, sondern er will letztendlich die Geburt des individuellen Selbst.

Die Bedenken des Augustinus waren also nicht unbegründet. Für einen Menschen mit einer selbstverleugnenden Glaubenshaltung besitzt die Musik ein subversives Potential, denn sie treibt die Entwicklung zum individuellen Selbst voran, indem sie im Hörer dessen narzisstische Wünsche nährt. Dieser Gefahr versuchte man in gewissen Abständen immer wieder entgegenzutreten. Die zahlreichen Reformen der kirchlichen Musik dienten alle dem Ziel, die jeweils zu frei sich äußernde Emotionalität wieder in den Griff zu bekommen und zu kontrollieren. Die Angst vor den Affekten war die zentrale treibende Kraft für das immense Ausmaß an Verregeltheit der mittelalterlichen Musik.

Es würde zu weit führen, diese Regeln hier alle anzuführen. Nur als ein Beispiel seien die Regeln der Zisterzienser erwähnt, die im 12. Jahrhundert eine Reform gegen zu ausschweifende Erweiterungen des gregorianischen Chorals durchzusetzen versuchten. Diese Regeln forderten: 1. Jedes Musikstück muss eindeutig einer bestimmten Kirchentonart, einem Modus, zugeordnet werden. 2. Eine Unklarheit oder Vermischung der Modi ist nicht zulässig. 3. Innerhalb eines Modus muss jede Tonstufe der leitereigenen Rangordnung gehorchen und 4. darf der reguläre Ambitus eines Modus nicht überschritten werden. Für den mehrstimmigen Gesang schrieb dann später eine zentrale Regel, das *principium perfectionis*, vor, dass auf der schweren Taktzeit die Stimmen jeweils eine Konkordanz bilden müssen, wobei nur reibungsfreie Intervalle (Einklang, Oktave, Quinte) erlaubt waren. Die emotionaleren Intervalle, wie die weiche Terz oder die sehnsüchtige Sext, waren in dieser Zeit nicht zugelassen.

Es steht für mich außer Frage, dass die psychologische Begründung für das mittelalterliche kompositorische Regelwerk in der Abwehr des Emotionalen zu suchen ist. Konsequent wäre ein völliges Verbot von Musik in der Kirche gewesen, aber damit hätte man auch die andere, die heilsverkündende Seite der Musik ausgeschlossen. Also bemühte man sich solange wie möglich darum, die affektive Macht der Musik durch ein engmaschiges Regelwerk unter Kontrolle zu halten. Musik sollte nach dem Willen der herrschenden Geistlichkeit ausschließlich ein objektives Abbild einer höheren geistigen Ordnung und nicht ein subjektives Hörvergnügen sein. Entsprechend bezog sich der Konkordanz- bzw. Konsonanzbegriff nicht auf den subjektiven Klangeindruck im Hörer, sondern auf den konkreten Abstand zwischen den Tönen von zwei benachbarten Stimmen, der in Form von mathematischen Distanzverhältnissen berechnet wurde. Das Komponieren war im Grunde ein kompliziertes Konstruieren und Berechnen und die Komposition besaß einen streng zahlenmäßigen Aufbau. Dementsprechend galt die Musik im Mittelalter auch nicht als Kunst, sondern als Wissenschaft und wurde – folgerichtig – der Mathematik zugeordnet.

*b) Die Anfänge der Mehrstimmigkeit*
Zu einer Zeit, in der die bildenden Künste Tiefe und Perspektive zu entdecken begannen, kamen die Musiker auf ähnliche Ideen: Sie kombinierten zwei oder mehr Melodielinien, um auf diese Weise der Musik »Tiefe« zu geben (vgl. Sadie und Latham 1994, S. 107). Dieser Kompositionsstil erhielt dann die Bezeichnung »polyphon«, d. h. vielstimmig.

Im ausgehenden 11. und 12. Jahrhundert begannen die Musiker damit, solche mehrstimmigen Musikstücke, Organum genannt, auszuarbeiten, indem sie eine zugrundeliegende gregorianische Melodie der tieferen Stimme in langen, gehaltenen Noten zuteilten. Diese Stimme nannten sie Tenor (abgeleitet von tenere = halten). Der Tenor sang den *cantus firmus*, also den »festen Gesang«, während die Stimmen darüber freie Melodielinien in kürzeren Notenwerten vortrugen. Wir ahnen bereits, dass sich hier das subversive Potenzial der Musik zu regen beginnt, und eine – wenn auch noch vorsichtige und in kleinen Schritten sich vollziehende – Annäherung an eine freiere Emotionalität ihren Anfang nimmt. Der gregorianische Cantus bleibt als sichere Stütze erhalten, wohl auch um die Geistlichkeit zu beruhigen und weiterhin als geistliche Musik anerkannt zu sein. Auf der Grundlage dieses sicheren Terrains wagten die Komponisten es dann, die höheren Partien einfallsreicher und bewegter zu gestalten. Als ein Beispiel sei das »Viderunt omnes« von Perotin erwähnt. In den unteren Stimmen sind die vom gregorianischen Choral her vertrauten archaischen Oktaven und Quinten zu hören, während sich die Oberstimmen in kleineren Notenwerten und stärker rhythmisiert, ja fast schon tanzartig, bewegen. Diese neue Beweglichkeit der Stimmen wird für viele »fromme Ohren« damals sicherlich als äußerst sündhaft geklungen haben.

Die Rhythmisierungen in den Oberstimmen regen dazu an, diese körperlich mit zu vollziehen. Ein tanzartiges Hüpfen wäre eine durchaus angemessene Bewegung zu dieser Musik. Und mit dem Körper kann dann auch die Seele zu hüpfen beginnen. Aber diese Regung ist noch sehr verhalten. Das Miteinander-Sich-Bewegen geht eher statisch und gleichförmig vonstatten. Natürliche Bewegungen als Ausdruck emotionaler Spontaneität oder eines Sich-Einschwingens in ein gemeinsames Gefühl sind in dieser frühen Mehrstimmigkeit noch nicht enthalten. Bis dies möglich wird, müssen noch einige Jahrhunderte vergehen, in denen sich diese Entwicklung allerdings unmerklich vorbereitet.

Dem Ausdruck zwischenmenschlicher Emotionalität wird u. a. dadurch der Weg geebnet, dass ab dem 13. Jahrhundert weltliche Texte in geistliche Motetten hineingewoben werden. So finden wir z. B. in einer französischen Motette (»On doit fin Amor«) über dem gregorianischen Cantus im Tenor zwei Stimmen, in denen die eine die Schönheit der Herrin und die andere Stimme die Freuden der Liebe besingt. Dass solch ein *mixtum compositum* aus religiösem Text und amourösen Szenen in

einem mittelalterlichen Dom gesungen wurde, erscheint uns heute nahezu unglaublich. Aber es zeigt einmal mehr die von Freud postulierte
Dominanz des Unbewussten: Das Diesseitige, Subjektive und Emotionale im mittelalterlichen Menschen drängt nach oben und erzwingt sich
sogar den Eingang in kirchliche Motetten. Die Freudsche Formulierung
von der »Vielstimmigkeit der Wunschregungen« (Freud 1930a [1929])
findet in diesen geistlich-weltlich-amourösen Motteten einen äußerst
sinnfälligen Ausdruck. Der Anbruch einer neuen Epoche wird damit
eingeläutet. Wir stehen am Beginn der Renaissance. Die religiöse Symbo-
lik weicht allmählich einem mehr irdischen Ausdruck menschlicher
Empfindungen und parallel dazu macht der archaische Narzissmus einer
von einem subjektiven Gefühl getragenen menschlichen Bezogenheit
Platz und wandelt sich dadurch zum frühkindlichen Narzissmus.

## 2.2. Die Musik als Größenselbst

In der mittelalterlichen Motette war es nahezu nicht möglich gewesen,
allein aus dem Gehörseindruck einer Musik einen Stimmungsgehalt zu
erfassen, etwa ob das Stück erzählenden oder reflektierenden Charakter
hat, oder ob es sich um einen Klagegesang oder ein Jubellied handelt.
Doch nun, im Zeitalter des Humanismus, wird die Emotionalität in der
Musik aus ihren Fesseln befreit. Die Komponisten beginnen, die Stimmen
in einer freieren Art und Weise zueinander in Beziehung zu setzen und
ihnen geschmeidigere Melodielinien zu geben, um so eine weiche und
vielfältigere Abfolge von Harmonien und damit auch von unterscheidbaren Gefühlen zu erzeugen.

   Ein wahrer Quantensprung gegenüber der mittelalterlichen Musik
geschieht am Ende des 15. Jahrhunderts durch den Komponisten Josquin
Despres. Josquin war der erste bedeutende Komponist, der konsequent
versuchte, mit Musik Empfindungen auszudrücken. Sehr eindrücklich
geschieht das in »La déploration de Johan. Okeghem«, ein Klagegesang
über den Tod des Komponisten Johannes Okeghem. Allein die Tatsache,
dass hier ein Lied über einen befreundeten Kollegen geschrieben wird,
weist schon auf die veränderte Situation hin: Aus einem persönlichen
Beziehungsgefühl zu einem geschätzten Freund entsteht hier ein Lied,
das dazu bestimmt ist, die Trauer über den Verlust zum Ausdruck zu
bringen, und zwar nicht nur im Text, sondern vor allem im Gefühlston
der Musik.

Interessanterweise findet auch die eigene Person des Komponisten in dem Stück einen Platz. Zusammen mit drei anderen Komponistenkollegen spricht er sich selbst an: »Kleidet euch in Gewänder von Klagen, Josquin, Brumel, Pierchon, Compère ...«. Wie die Maler in dieser Zeit damit beginnen, sich selbst in ein Bild hineinzumalen, so tun die Musiker Gleiches. Von Dufay ist ein sehr eindrückliches Beispiel dieser Art bekannt. In seiner feierlichen Motette »Ave regina coelorum« z. B. unterbricht er plötzlich den Text der Motette, erwähnt sich selbst in einer bewegenden, chromatischen Passage und bittet um Vergebung für seine Sünden. Wenn wir nicht bereits durch Heinz Kohut wüssten, dass dem frühen Leben im Größenselbst eine unbefangene Lust an der exhibitionistischen Darbietung der eigenen Person innewohnt, hier könnten wir es erfahren. Diese beiden hübschen Beispiele von Dufay und Josquin unterstützen mich freundlicherweise in meinem Vorhaben, diese Musik der narzisstischen Konfiguration des Größenselbst zuzuordnen. Aber neben dieser kindlich anmutenden narzisstischen Lust an der Selbstdarstellung ist es vor allem der liebevolle Gefühlston, der eine neue Qualität von menschlicher, persönlicher Selbstobjekt-Bezogenheit ins Spiel bringt, die hier erstmalig in der Musikgeschichte in Erscheinung tritt. Ebenfalls erstmalig bietet diese Musik dem Hörer die für das Größenselbst charakteristische Form der gefühlsmäßigen Verschmelzung an. Dies ist noch etwas zaghaft und auch nicht durchgängig der Fall. Aber es gibt etliche gefühlvolle musikalische Wendungen in diesem Stück, die zu einem verschmelzenden emotionalen Sich-Verbinden einladen, was wir von mittelalterlicher Musik nicht kennen.

Hierin wird offenbar, dass eine Transformation des narzisstischen Objektes eingetreten ist: An Stelle des fernen archaischen Gottes im gregorianischen Gesang tritt uns im Klagelied des Josquin die Musik als ein liebevolles Selbstobjekt entgegen, mit dem ein gefühlsmäßiges Sich-verbinden möglich ist.

Martin Luther soll über Josquin gesagt haben: »Josquin war der Noten Meister, sie [die Noten] habens müssen machen, wie er gewollt; die anderen Sangesmeister habens müssen machen, wie's die Noten haben wollten« (zitiert nach de la Motte 1978, S. 123). Vom Lutherdeutsch in die selbstpsychologische Fachsprache übersetzt, könnte man formulieren: Bei Josquin ist die Musik im Omnipotenzbereich des Komponisten, während der mittelalterliche Komponist im Omnipotenzbereich der Noten und der Kompositionsregeln war.

In der Musik der Renaissance kommt der Komponist mit seiner Person und mit seinem subjektiven Fühlen ins Spiel. Die Musik wird zu einem Spiegel seiner Persönlichkeit. Wie die Mutter den Säugling spiegelt, so spiegelt das musikalische Werk den Komponisten. Ab jetzt besitzt die Musik Selbstobjektfunktion, und zwar nicht nur für den Komponisten, sondern auch für den Hörer: Die Musik erlaubt es, mit ihr gefühlsmäßig zu verschmelzen und in ein gemeinsames Gefühl einzuschwingen, wie mit der frühen Mutter im Größenselbst.

Diese neu auftauchende Qualität der Musik ist natürlich noch zaghaft und im Entstehen begriffen. Wir werden ihr deshalb eher gerecht, wenn wir sie von der mittelalterlichen Musik herkommend hören und nicht versuchen, sie bereits an einer barocken Klangfülle zu messen. Die Traurigkeit, die die Motette »La déploration de Johan. Okeghem«, durchzieht, bildet sich vor allem in dem zweiten Teil in sehr anrührender und expressiver Weise aus. Der gregorianische *Cantus firmus* »Requiem aeternam« aus der lateinischen Totenmesse wird durchlaufend in langen Notenwerten im 2. Tenor gesungen (vgl. S. 24).

Welches sind die musikalischen Mittel, mit denen es Josquin gelingt, die Musik mit empathischen Selbstobjektqualitäten auszustatten? Diese Mittel sind natürlich vielfältig, aber im wesentlichen sind sie harmonischer Natur. Es ist wohl nicht von ungefähr, dass der Begriff »Harmonie« sowohl auf die Musik als auch auf menschliche Beziehungen Anwendung findet. Mit dem Beginn der Renaissancemusik gewinnen die harmonischen Beziehungen der Stimmen zueinander in der Musik an Bedeutung. Die Hörgewohnheit wandelt sich vom linearen Hören zum akkordischen Hören, d. h. der Hörer verfolgt nicht so sehr die einzelne Stimme in ihrem Verlauf, sondern interessiert sich dafür, wie zwei oder mehr Stimmen zusammenklingen, wie sie harmonieren. Die mittelalterlichen, mathematisch errechneten Intervallverhältnisse werden gleichsam ersetzt durch zwischenmenschliche, sinnlich-emotionale Beziehungsverhältnisse. Erst mit der Renaissancemusik bekommt der Ausspruch des Musikliteraten Rüdiger Görner seine volle Berechtigung: »Das Intervall ist keine algebraische Formel ... Im Intervall bestimmt sich ein sinnlich-geistiges Verhältnis« (Görner 2001, S. 159). Und so tritt an die Stelle der mittelalterlichen Intervallehre nun eine wahrhaftige Harmonielehre.

# Josquin Despres: La Déploration de Johan. Ockeghem (1497)

| | |
|---|---|
| Nymphes des bois, déesses des fontaines, | Waldnymphen, Göttinnen der Quellen, |
| Chantres expers de toutes nations | begabte Sänger aller Nationen |
| Changez voz voix fort clères et haultaines | wechselt eure klaren und luftigen Stimmen |
| En cris tranchantz et lamentations. | zu herben Schreien und Klagen. |
| Car d' Atropos les molestations | Denn die schweren Lasten des Atropos |
| Vostre Okeghem par sa rigueur attrappe | haben unwiderruflich Euren Ockeghem befallen, |
| Le vray trésoir de musique et chief d'oeuvre, | der Musik wahren Schatz und Meister, |
| Qui de trepas désormais plus n'eschappe, | der nun dem Tode nicht mehr entgeht; |
| Dont grant doumaige est que la terre coueuvre. | Dass die Erde ihn bedeckt, ist ein großer Verlust. |
| Acoutrez vous d'abitz de deuil: | Kleidet Euch in Gewänder von Klagen, |
| Josquin, Brumel, Pierchon, Compère; | Josquin, Bumel, Pierchon, Compère; |
| Et plorez grosses larmes de oeil: | und lasst große Tränen aus Euren Augen fließen, |
| Perdu avez vostre bon père. | verloren habt ihr Euren guten Vater. |
| Requiescat in pace. Amen | Er möge in Frieden ruhen. Amen |

Der folgende Text wird in gedehnten Notenwerten über die Länge des ganzen Stückes vom 2. Tenor gesungen:

| | |
|---|---|
| Requiem aeternam dona eis Domine | Gib ihnen die ewige Ruhe |
| et lux perpetua luceat eis. | und das ewige Licht leuchte ihnen. |

Schauen wir uns einmal die ersten Takte dieser Chanson an, so wird bereits hier diese neue Form einer menschlichen, harmonischen Bezogenheit deutlich:

**Abb. 2**

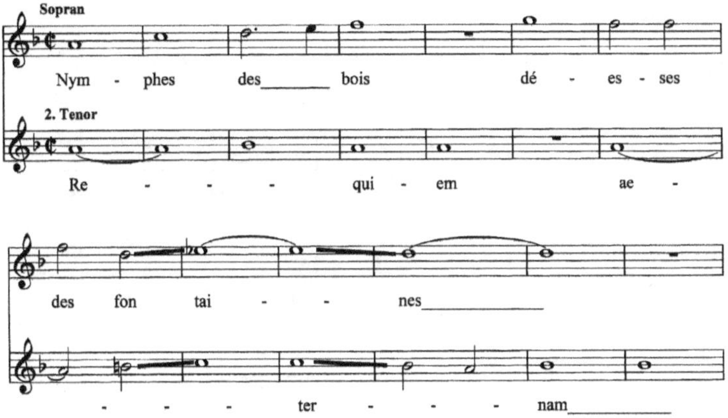

Da ist zunächst einmal der gegenüber dem formelhaft strengen gregorianischen Cantus bereits recht sangliche und dynamische Melodiebogen der Oberstimme, der organisch aufsteigt und wieder absinkt, wie ein Einatmen und ein Ausatmen. In Takt 8 und 9 geschieht nun etwas unerhört Neues: Die Oberstimme vollführt eine Bewegung, die als ein Sich-Einschwingen und Verschmelzen mit der Tenorstimme anzusehen ist, und zwar in Gestalt einer weichen Bewegung in parallelen Terzen. Diese gemeinsame Terzbewegung hat etwas von einer harmonischen, zwischenmenschlichen Qualität. Es ist ein Einschwingen in ein gemeinsames Gefühl und zugleich eine Geste, die den Ausdruckscharakter eines zärtlichen Streichelns besitzt. Nehmen wir in Takt 11 die Bassstimme hinzu, Abb. 3, vgl. S. 26) so finden wir dort ein weiteres Beispiel für solch eine weiche, harmonische Streichelbewegung. Und fügen wir noch eine weitere Stimme, nämlich den 2. Sopran, hinzu, so sehen wir, dass auch sie eine weiche harmonische Bewegung ausführt. Zu der Terzbewegung in Tenor und Bass, die nach unten ausschwingt, beschreibt der 2. Sopran eine Bewegung, die nach oben ausschwingt. Diese doppelte, sich komplementär zueinander verhaltende Ausweichbewegung erzeugt im Hörer ein ange-

nehmes Körpergefühl, indem Fliehkräfte nach oben – wie beim Hochgehobenwerden – mit solchen der Schwerkraft, die nach unten zieht, gleichzeitig auf den Körper einwirken. Das erzeugt ein Lustgefühl, wie wir es
alle als Säugling empfunden haben mögen, wenn die Mutter uns hoch in
die Luft emporhob: ein lustvolles narzisstisches Gefühl erhebender Erhabenheit. Das entstehende Lustgefühl ist ein körperliches und zugleich ein
emotionales.

**Abb. 3**

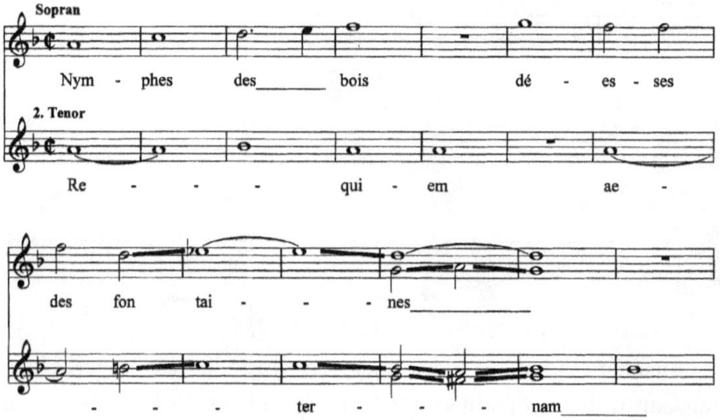

In diesen neuartigen, weichen und harmonischen Bezogenheiten können
Omnipotenzgefühle und Gefühle einer Verschmolzenheit mit einem grandiosen Selbst erlebt werden, wobei die Musik zu einer empathischen,
grandiosen Mutter wird, die dem Hörer dieses narzisstische Hochgefühl
verschafft. Dieses Hochgefühl erlebt zum einen der Komponist, indem er
ein Omnipotenzgefühl gegenüber seiner Musik entwickelt, mit der er als
ein Spiegel seiner Person zu einem grandiosen Selbst verschmilzt, aber
auch der Hörer, der in einem schöpferischen Akt das musikalische
Verschmelzungserlebnis erschafft, für das ihm die erklingende Musik das
Material liefert. Dass es sich hier um eine schöpferische und kreative
Leistung des Hörers handelt, lässt sich daran erkennen, dass es nicht jedem
Hörer gelingt, dieses Verschmelzungserlebnis mit der Musik herzustellen.
Bei manchen Hörern löst diese Musik kein oder nur wenig Gefühl aus,
während andere sich zutiefst berührt fühlen. Und nur für letztere wird
diese Musik zu einer empathischen grandiosen Mutter, mit der sie im

Hörerlebnis zu einem Größenselbst verschmelzen. Und wenn man diese Musik als CD besitzt und ebenfalls einen CD-Player sein eigen nennt, so ist auch die volle Verfügungsgewalt über dieses Selbstobjekt gegeben, das man beliebig oft, so wie man es braucht, erklingen lassen kann.

## 2.3. Die Musik als idealisiertes Selbstobjekt

Die geschilderten Wandlungen in der bildenden Kunst und in der Musik geschehen in einem kulturellen und gesellschaftlichen Umfeld, das seinerseits die Entwicklung vorantreibt. So tritt mit Martin Luther und seiner Theologie ein neues Gottesverständnis auf den Plan. Der bis dahin ferne und gestrenge Gott, der mittels Opfergaben, Selbstkasteiungen oder Ablasszahlungen gnädig gestimmt werden musste, wandelt sich in der Zeit der Reformation zu einem liebevollen Gott, der den Menschen nah ist und zu dem man gleichsam in eine persönliche Beziehung treten kann. Besonders ausgeprägt finden wir diese persönliche Ansprache Gottes beim ersten großen deutschen Komponisten von internationaler Bedeutung, bei Heinrich Schütz. Schütz erschafft in seinen geistlichen Motetten eine sehr persönliche und anrührende Musiksprache, die insofern narzisstisch ist, als die an Gott gerichteten Bitten wie Bitten an eine idealisierte Elternimago, speziell an einen idealisierten Vater klingen. Ich denke hierbei z. B. an die doppelchörige Motette »Herr, wenn ich nur Dich habe« aus den »Musikalischen Exequien«. Schon der Text lässt diese kindliche Idealisierung anklingen:

> »Herr, wenn ich nur Dich habe, so frage ich nichts nach Himmel und Erde.
> Wenn mir gleich Leib und Seele verschmacht, so bist Du doch, Gott, alle Zeit
> meines Herzens Trost und mein Teil.«

Wenn die irdischen Väter sich als zu wenig idealisierbar erweisen, so bleibt als Ausweg die Idealisierung des erhöhten Vaters. Dies geschieht bei Schütz in einer sehr innigen und gefühlvollen Weise. In dieser Musik ist die Emotionalität nun vollends befreit und der Komponist empfindet keinerlei Scheu, seine ausgesprochen frühkindliche Emotionalität gegenüber einem idealisierten Vater in aller Freiheit zum Ausdruck zu bringen. Die musikalische Darstellung der ersehnten narzisstischen Verschmelzung mit solch einem übermenschlichen Ideal wird in einer bis dahin noch nie da gewesenen Weise zum Ausdruck gebracht, und zwar mittels einer glanzvollen Doppelchortechnik, die Schütz bei Giovanni Gabrieli in Venedig erlernt hatte. Dieses abwechselnde Singen der beiden Teilchöre macht es möglich, eine Fülle an narzisstischen Gefühlen und Wünschen zum Ausdruck zu bringen und sie in harmonischer Weise zu befriedigen. Der erste Chor trägt seine Bitten in einer weichen und harmonischen Sprache vor, der zweite Chor antwortet in ebenfalls harmonischer und einfühlsamer Sprache, und diese harmonische Zwiesprache setzt sich fort, bis beide Chöre in einem wahren Klangrausch und vollkommenen harmonischen Wendungen gleichsam zu einem Größenselbst miteinander verschmelzen. Hier wird die Musik zu einem wahrhaft vollkommenen Selbstobjekt, das bestehende narzisstische Wünsche nach Anlehnung und Verschmelzung sowohl zum Ausdruck bringt als auch befriedigt. Das hier musikalisch gestaltete Selbstobjekt ist kein diffuses archaisches Objekt mehr, das unbeweglich auf einem Halteton einen kosmischen Hintergrund abbildet. Diese Musik belebt in uns Gefühle aus der frühkindlichen Welt der idealisierten Elternimago. Der frühkindlich-narzisstische Wunsch nach einem elterlichen Selbstobjekt, dessen Schutz sich das Kleinkind anvertrauen und mit dem es gefühlvoll verschmelzen möchte, wird hier in einer Weise klanglich ausgedrückt, die es bis dahin in der Musikgeschichte noch nicht gegeben hat und die es in dieser anrührenden kindlichen Naivität und Offenheit gegenüber einem bewunderten und idealisierten allmächtigen Vater auch in der weiteren Musikgeschichte wohl nicht mehr geben wird.

## 2.4. Die Musik als ein reifes Selbstobjekt

Nun werden Sie sicher gespannt sein, welches Musikstück ich mit dem Prädikat eines reifen Selbstobjektes auszeichne. Diesbezüglich kommen sicherlich eine Fülle von Musikstücken in Frage. Meine Beschäftigung mit der Thematik hat mich hinsichtlich eines reifen Selbstobjektes einmal nicht zu einem Chorstück greifen lassen sondern zu einem Klavierstück, dem 1. Satz der Klaviersonate Opus 27, Nr. 2, der sogenannten »Mondscheinsonate« von Ludwig van Beethoven.

In diesem Klaviersonatensatz erklingen drei deutlich voneinander unterschiedene Stimmen: eine Oberstimme, eine Mittelstimme und eine Bassstimme (s. Noten im Anhang, S. 39ff.). Diese drei Stimmen haben jeweils eine ausgeprägte Individualität, wodurch bereits eine intersubjektive Interaktionssituation konstelliert ist. Den Beginn und den Schluss gestalten Bass- und Mittelstimme allein. Aus ihrem harmonischen Spiel heraus erwächst die Oberstimme: Sie beginnt später, sie erklingt nur abschnittsweise und ist mit ihrer Melodielinie früher zu Ende. Indem Mittelstimme und Bassstimme zusammen beginnen und zusammen abschließen, bilden sie den Rahmen des Stückes, und indem sie als Unterstimmen kontinuierlich präsent sind, kommt ihnen eine Hintergrunds- und Haltefunktion für die Oberstimme zu.

Es gehört zum Kennzeichen einer reifen Selbstobjektbeziehung, dass in ihr neben der differenzierten, erwachsenen Intersubjektivität auch alle früheren Ebenen narzisstischen Erlebens, also die archaischen und die frühkindlichen, mitschwingen und den Hintergrund bilden. Trifft das auf die Mondscheinsonate zu?

Die Bassstimme schreitet nahezu ununterbrochen in Oktaven einher, ein Intervall, das uns bereits aus der Gregorianik gut vertraut ist und das hier wie dort Ausdruck von etwas Archaischem ist. Auch die orgelpunktartige Liegestimme, die im gregorianischen Gesang den Modus markiert und als ein ewiger Ton den göttlichen Urgrund versinnbildlicht, begegnet uns in der Mondscheinsonate wieder und zwar in den Takten 28 bis 40, wo die Bassstimme über 13 Takte unwandelbar auf dem tiefen Gis verharrt, während die Mittelstimme in verminderten Akkordbrechungen auf- und absteigt. Gleiches erleben wir in den Takten 59 bis 67, wo die Bassstimme neun Takte lang auf dem tiefen Gis erklingt, also auf der Quinte, bevor sie dann im Schlussakkord zum Grundton Cis zurückkehrt. Und auch die in der frühen Mehrstimmigkeit übliche Oktave mit Quinte als eine archaisch-leere Konsonanz wird einige Male von der Bassstimme zum Tönen gebracht (so in den Takten 5, 23, 49, 60, 62, 64, und in den vier Schlusstakten).

In dieser ausgeprägt archaischen Klangqualität wird die Bassstimme von der Mittelstimme dadurch unterstützt, dass diese ohne Unterbrechung vom ersten Takt bis zum Schlussakkord in einer gleichförmigen Triolenbewegung verbleibt, wodurch sie ihrerseits zu einer Atmosphäre von Unendlichkeit und Ewigkeit beiträgt. Diese archaische Ästhetik ist durchgängig vorhanden, und sie bildet gleichsam die unterste Schicht des musikalischen Klangbildes, die jedoch noch von anderen Schichten überlagert wird.

Die archaischen Klänge in der Tiefe wären sicherlich dominant, wenn das Stück im Forte vorgetragen würde. Doch Beethoven schreibt vor, dass das ganze Stück »sehr zart und mit Pedal« zu spielen sei. Dadurch wird das Archaische abgemildert und es erhält eine zweite Qualität, eine zweite Ebene dieser Musik eine Chance, sich zu entfalten, und zwar die liebevolle, harmonische und menschlich-empathische Bezogenheit der einzelnen Stimmen zueinander.

Betrachten wir zunächst einmal das Zusammenspiel von Bass- und Mittelstimme in den ersten Takten. Der Bass bewegt sich in langsamen ganzen und halben Notenwerten, während die Mittelstimme in bewegten Triolen erklingt. Allein gespielt wirkt die Mittelstimme etwas unruhig und in der Luft hängend, die Unterstimme etwas unbeweglich und leer. Zusammen ergeben sie jedoch ein ausgesprochen harmonisches Miteinander, indem sie sich gut ergänzen und die genannten Einseitigkeiten in einer gemeinsamen Gestalt aufgehoben werden, die eine angenehme Ruhe und harmonische Verbundenheit ausstrahlt. Man könnte sagen: »Die beiden harmonieren gut miteinander«, ein Ausspruch, der sich sowohl auf diese Musik als auch auf ein menschliches Paar beziehen lässt.

Aus dieser harmonischen Verbundenheit entwächst nun eine helle Oberstimme, die in Takt 5 einsetzt. Es ist so, als wenn wir hier einem Lebensmysterium beiwohnen, bei dem aus einer harmonischen Paarbeziehung etwas Neues, etwas Drittes entsteht. Die Dyade öffnet sich zur Triade. Dieses Dritte zeigt sich nun in Takt 5 in einer einfachen, schlichten Melodielinie, die jedoch sehr gefühlvoll ist und unmittelbar zu Herzen geht. Die Innigkeit dieser drei Stimmen lässt vor unserem inneren Auge das Bild eines Paares entstehen, aus deren Liebe ein neugeborenes Baby erwachsen ist.

Hören wir die Oberstimme einmal allein, also ohne die Begleitstimmen, so werden wir mit Erstaunen feststellen, dass diese Tonfolge gar nicht besonders melodiös ist, sondern das Verharren auf einem Ton, diese sechsmalige Wiederholung des Gis, eher etwas Sprödes an sich hat, das kaum dazu anregt, diese Stimme nachzusingen.

Aber welch eine Verwandlung geschieht mit ihr, wenn die harmonisierenden Unterstimmen hinzutreten. Die Parallele zur Mutter-Säugling-Beziehung kommt einem hier unmittelbar in den Sinn. Es gibt Säuglinge, die nicht unbedingt schön aussehen, das wird jeder aus eigener Erfahrung bestätigen können. Aber für eine fürsorglich-liebende Mutter ist ihr Baby, so unschön es auch aussehen mag, das schönste auf der ganzen Welt. Das heißt, der »Glanz im Auge der Mutter« ist es, der ein Baby schön macht, was für das werdende Selbst des Säuglings von außerordentlicher Bedeutung und existenzieller Wichtigkeit ist.

Wie gelingt es der Musik, diese Tonfolge schön zu machen? Im Grunde auf die gleiche Art und Weise wie im zwischenmenschlichen Bereich, nämlich durch die liebevolle harmonische Bezogenheit der Mittel- und Unterstimme. Indem sich Bass- und Mittelstimme flexibel und liebevoll, in harmonischer Weise bewegen, bekommt die Oberstimme eine Weichheit in der Bewegung und einen Glanz, die sie objektiv nicht besitzt. Das Geheimnis liegt in der harmonischen Seiten- oder Ausweichbewegung, die die Unterstimmen vollführen: von cis-moll in Takt 5 zum Dominantseptimakkord (Gis 7) in Takt 6 und zurück zur Grundtonart cis-moll. Durch diese Schaukel- oder Streichelbewegung ändert sich jeweils die harmonische Funktion der Oberstimme: In Takt 5 ist sie die Dominante, in Takt 6 wird sie zur Tonika und in Takt 7 ist sie wieder die Dominante. Durch diesen harmonischen Funktionswechsel entsteht der Gehörseindruck, als würde die Stimme eine Bewegung vollführen, obwohl sie de facto auf einem Ton verharrt.

Doch es ist nicht nur die Harmonik, mit dessen Hilfe die Babystimme in diesem Stück schön gemacht wird. Das Zusammengehen von einer ruhigen und stabilen Bassstimme mit einer lebendig bewegten Mittelstimme scheint grundsätzlich dazu geeignet zu sein, eine dritte, darüber liegende Stimme klangvoll und schön zu machen. Das bekannteste Beispiel ist das 1. Präludium aus Bachs »Wohltemperiertem Klavier«. Dieses Präludium besteht nur aus Bass und Mittelstimme. Aber in unserer Phantasie hören wir, ohne dass es uns bewusst ist, eine darüber schwebende dritte Stimme. Charles Gounod hat den Frevel begangen, diese dritte Stimme auszuschreiben und sogar mit einem Text zu versehen. Und seitdem wir dieses »Ave Maria« von Bach/Gounod kennen, gelingt es uns beim Anhören des Bach'schen Präludiums nicht mehr, diese Oberstimme nicht zu hören. Diese Melodie ist dermaßen zwingend, dass man sich nicht gegen sie wehren kann. Warum sie so zwingend ist hat zwei Gründe. Zum einen ist der Melodieton jeweils die zwangsläufige Ergänzung des gebrochen dargebotenen Akkords der Mittelstimme; unser Ohr hat die Tendenz, den oben fehlenden Akkordton zu ergänzen. Zum anderen brauchen wir ihn eigentlich gar nicht zu ergänzen, denn er ist bereits da und zwar als Oberton. Wir wissen, dass die Oktave der erste Oberton ist, der bei einer bestimmten Frequenz mitschwingt und die Quinte der zweite Oberton. Diese beiden Obertöne sind in der Regel wahrnehmbar, die weiter entfernten Obertöne dagegen kaum. Wenn wir die Melodie im

»Ave Maria« von Bach/Gounod oder die Melodie in der Mondscheinsonate untersuchen, so werden wir feststellen, dass sie zu den zentralen Harmonietönen der Unterstimmen überwiegend im Verhältnis von Oktave oder Quinte stehen, was die Lautstärke ihres Mitschwingens deutlich verstärkt und zu einer Verschönerung des Klangs beiträgt. Die Musik hat mit der Verwendung dieser physikalischen Gesetzmäßigkeiten ein ausgesprochen wirkungsvolles Mittel zur Verfügung, die Erfahrung des Mitschwingens von etwas Drittem als Frucht einer liebevollen Beziehung symbolisch zum Ausdruck zu bringen und zwar so, dass wir es nicht mit dem Kopf verstehen, sondern im Gefühl erleben. Indem wir relational hören, vermittelt sich uns als Hörer die liebevolle Sorge der Unterstimmen zur Oberstimme.

Es fällt auf, dass die Mittelstimme die Oberstimme nahezu ununterbrochen oktaviert. Und zwar ist es jeweils der erste Ton der Triolenbewegung, der die Oberstimme im Oktavenabstand begleitet. Diese Oktavierungen haben eine andere Qualität als die archaischen Bassoktaven. Sie wirken nicht wie leere Konsonanzen, sondern die untere Oktave ist als Halt gebende und unterstützende Begleitstimme anzusehen. Sie übernimmt die Haltefunktion für die Oberstimme, die dadurch eine Sicherheit in ihren melodischen Bewegungen erfährt und sie verleiht – wie erwähnt – der Oberstimme einen ästhetischen Glanz.

Und die mütterliche Mittelstimme erfüllt noch weitere wichtige Selbstobjektfunktionen. Vom ersten bis zum letzten Takt ist ihre Triolenbewegung ununterbrochen präsent. Damit wird sie zu einem Symbol für Beständigkeit und Verlässlichkeit, was dem Baby die notwendige Sicherheit vermittelt, die es braucht. Darüber hinaus sorgt die Mittelstimme am nachhaltigsten für ein harmonisches Beziehungsgefüge, indem sie die Mitte zwischen den beiden Außenstimmen mit all denjenigen Harmonien füllt, die zur Abrundung des Klanges notwendig sind. Kommt es zu dissonanten Spannungen zwischen Bass und Oberstimme, so gleicht sie sie aus. Manchmal zerreißt es sie förmlich, wenn sie versucht, beiden gerecht zu werden, so z. B. in Takt 16, wo sie mit ihrem tiefen Ton (h) das e-moll der Bassstimme komplettiert und mit ihren beiden höheren Tönen (e und g) dem C-Dur der Babystimme folgt. In ihren Harmonien wählt sie jeweils solche aus, die dem Ganzen eine Weichheit und Anschmiegsamkeit verleihen und durch welche sie sich wahrhaft als empathisch erweist. Diese Mittelstimme enthält damit alle jene Qualitäten, die für ein Selbstobjekt in der frühen Zeit des Größenselbst zentral sind. Während einerseits die Babystimme, verliebt in ihre eigene Grandiosität, über allem Geschehen ihre Bahnen zieht, in der festen Gewissheit, dass die Unterstimmen ihr folgen und sie stützen und schön machen und andererseits die Bassstimme sich um das Fundament sowie die harmonische Richtung kümmert und sich gelegentlich auch an dem kommunikativen Geschehen beteiligt, ist es die Mittelstimme, die mit empathischer Resonanz auf beide Stimmen reagiert und damit am wesentlichsten und vor allem kontinuierlich zur harmonischen Bezogenheit und liebevollen Atmosphäre in dieser Kleinfamilie beiträgt.

Aber ich will nicht unerwähnt lassen, dass auch die archaische Bassstimme mitunter eine erstaunliche Wandlung in Richtung eines recht menschlichen Selbstobjektes zeigt, das zu warmen und liebevollen väterlichen Gesten in der Lage ist. So wird z. B. das von der Babystimme beanspruchte Verbleiben auf einem Ton (in Takt 5ff.) vom Bass nicht seinerseits mit Ansprüchen auf Gefolgschaft beantwortet, sondern mit weichen harmonischen Ausweichbewegungen, die, wie erwähnt, dazu beitragen, dass das Baby als glanzvoll und narzisstisch grandios in Erscheinung tritt. Dies haben wir für die Anfangstakte bereits beschrieben, ebenso für die Takte 16 bis 19 (vergleichbare Stelle bei Takt 52 bis 54). Wir finden weitere Formen einer Zwiesprache zwischen Vater und Baby in den Takten 28 bis 31, an der auch die Mutter beteiligt ist. Auf eine aus drei Vierteln bestehenden Geste (Gis, A, Fis), die vom Baby und der Mutter gemeinsam ausgeführt wird, antwortet der Vater mit eben den gleichen Tönen eine Oktave tiefer. Dieses Echo-Spiel wiederholt sich in den folgenden Takten um eine Quarte nach oben verschoben.

Eine sehr innige Situation begegnet uns am Ende des Satzes. Das Baby beendet seine Melodie in Takt 60, nach einer vorangegangenen kontinuierlichen Abwärtsbewegung bis zum Grundton cis. Es kommt sozusagen zur Ruhe und versinkt in den Schlaf, während die Eltern noch weiter zusammensitzen, wobei der Vater das Kopfmotiv des Babys aufgreift und in sehr tiefer Lage fünfmal wiederholt, so als würde er in den Tiefen seiner Seele den Erlebnissen mit dem Säugling noch tagträumerisch nachsinnen, währenddessen die Mutter ihre lebendigen Triolenbewegungen ausklingen lässt, gehalten vom dominanten Gis des Vaters, das beide schließlich zurück zum Ursprung bringt, zum cis-moll-Akkord in enger und tiefer Lage.

Dies alles weist darauf hin, dass die Bassstimme nicht nur als eine archaische Gestalt auftritt, die den Hörer in die Weite eines kosmischen Allraums entführt, sondern an anderen Stellen durchaus auch als ein warmherziger und einfühlsamer Vater, der in idealer Weise auf Äußerungen seines Babys reagiert und antwortet. Damit bietet die Bassstimme sowohl Aspekte des archaischen Narzissmus als auch des frühkindlichen Narzissmus in der Zeit des Größenselbst und der idealisierten Elterimago an.

Es gibt ein Arrangement der Mondscheinsonate, das von dem Holländer Raimond Lap speziell für Babies arrangiert worden ist. Und in der Tat ist es so, dass diese auf einem Synthesizer gespielte Musik von Kleinkindern sehr gerne gehört wird und offensichtlich auch in besonderer Weise beruhigend auf sie wirkt. Diese Fassung zeichnet sich dadurch aus, dass sie in besonderer Weise diese beiden elementaren narzisstischen Aspekte, den archaischen und den frühkindlichen, betont. Diese Akzentuierung der frühen narzisstischen Affektivität wird durch Folgendes erreicht:

1. Zu Beginn ist ein Glissando von Klangstäben zu hören, das etwas Zauberhaft-Magisches an sich hat und den Hörer in eine kindlich-illusionäre Märchenwelt entführt,

2. Die Bassstimme wird harmonisch aufgefüllt und bildet durch ihre klangvollen Liegetöne eine Klanghülle, die sowohl ein Gefühl kosmischer Geborgenheit als auch durch seine weichen Harmonien ein Gefühl menschlich liebevollen Gehaltenseins vermittelt,

3. Die drei Stimmen sind durch ihre unterschiedlichen Klangregister deutlich voneinander abgesetzt, wobei der Oberstimme der besondere klangliche (narzisstische) Glanz eines Metallophons zukommt, die Mittelstimme einen weichen mütterlichen Gitarrenklang erhält und die Bassstimme die bereits erwähnte archaische Qualität durch ausgehaltene Orgelakkorde. Diese Zuordnung der Stimmen zu verschiedenen Instrumentalklängen hat im narzisstischen Sinne etwas Überidealisiertes. Das wird Kleinkindern wahrscheinlich gefallen, von uns Erwachsenen aber eher als etwas süßlich erlebt,

4. Bei den Triolen der Mittelstimme werden alle drei Töne gleich laut und gleich betont gespielt, was den Charakter des Dauerhaften, Verlässlichen, des ewig Wiederkehrenden unterstreicht. Zusammen mit der orgelartigen Klanghülle vermitteln diese gleichartig wiederkehrenden

Triolen ein ausgeprägtes Gefühl des elementaren Getragen- und Gehaltenseins.

Es erhebt sich nun die Frage, ob dieser Sonatensatz auf diese beiden Ebenen narzisstischen Erlebens, die archaische und die frühkindliche, beschränkt ist oder ob nicht doch noch mehr in dieser Musik enthalten ist? Ich habe dieses Stück ausgewählt als ein Beispiel für ein reifes Selbstobjekt, und offenbar ist es eine Frage der künstlerischen Interpretation, ob sich die Ebene einer reifen intersubjektiven Verbundenheit offenbart oder nicht. So möchte ich im Folgenden auf eine Klavierfassung zu sprechen kommen, und zwar auf diejenigen mit dem Pianisten Friedrich Gulda (CD: »Friedrich Gulda spielt Beethoven«, amadeo), die nach meiner Einschätzung diese reifen Selbstobjekterfahrungen in sehr eindrucksvoller Weise zum Klingen bringt. Was kennzeichnet diese Interpretation?

Zunächst einmal gelingt Gulda ein *Adagio sostenuto*, also ein sehr ruhiges, getragenes Tempo, und er spielt wirklich im *pianissimo*. Das *pp* ist eine wichtige Vorbedingung für die Entfaltung der zarten und sublimen Gefühlstönungen, die in dieser Sonate angelegt sind. Die Bassoktaven werden sehr weich gespielt, wodurch sie den archaischen Untergrund andeuten, ihn aber nicht dominant werden lassen. Damit bringt diese Interpretation zum Ausdruck: Als tiefster Urgrund schwingt eine archaische Ebene menschlichen Empfindens mit, die der Musik sowohl Tiefe als auch eine kosmische Weite gibt und die das Lauschen auf diese Musik in die Nähe einer religiösen Andacht rückt. Doch diese Tiefenschicht lebensgeschichtlicher Erfahrungen ist nur angedeutet, um etwas anderes in den Vordergrund zu stellen: ein sehr feine empathische Bezogenheit *zwischen* den drei Stimmen.

Was die Interpretation Guldas von der Synthesizer-Version ganz zentral unterscheidet, ist etwas, was ich nicht anders ausdrücken kann als mit dem Wort *Nuance*. Die Nuance steht für eine erwachsene und reife Bezogenheit. Sie ist ein Kennzeichen für feinste Abstimmungen, für differenzierte Einfühlung und differenziertes Verstehen. Musikalisch ereignet sich die Nuance am ausgeprägtesten an der Triolenbewegung der Mittelstimme. In der Synthesizer-Version werden alle Töne der Triole gleich betont und gleich laut gespielt, als ewige Wiederholung des Gleichen. Anders bei Gulda. Hier wird keine Triole wie die andere gespielt. Die Triolen spannen sich an mit dem Einatmen und entspannen sich wieder mit dem Ausatmen; sie verstehen sich durchgängig als Begleitstimme und sorgen im Hintergrund für eine weiche Atmosphäre, um sich an anderer Stelle für einen kurzen Moment zu zeigen, die eigene Individualität zum Ausdruck zu bringen, um aber sogleich wieder zur vertrauten, verlässlich dienenden Funktion zurückzukehren; die Triolen setzen mitunter ganz leicht verzögert ein, so als wollten sie auf etwas ganz Sublimes, auf eine vorbeihuschende Gefühlsregung mit einer kleinen Geste aufmerksam machen; an anderer Stelle beschleunigen sie und deuten so das Aufkommen einer inneren Spannung an, um anschließend den Hörer miterleben zu lassen, wie sich die Spannung wieder löst und zur Ruhe gelangt.

Solche und sicherlich noch viele weitere zu entdeckende Nuancen gibt das Spiel Guldas zu erkennen, die in der Baby-Version fehlen, und wohl zu Recht fehlen, da sie das Baby überfordern würden. Diese Nuancen liegen außerhalb seines Begreifens. Das Baby ist ereignisorientiert und sein Interesse richtet sich auf die deutlich voneinander abgesetzten Klangereignisse. Im Spiel Guldas handelt es sich um sublime psychische Vorgänge, die sich in inneren Räumen abspielen, zu denen das Baby noch keinen Zugang hat. Es sind Räume, die sich aufgrund von Lebenserfahrungen gebildet haben, durch vielfältige Erfahrungen von Verlust oder auch von Glück. Und da sich jede dieser Erfahrungen anders anfühlt, kommt dem nuancierten Spiel eine besondere Bedeutung zu. Die Nuance ist entscheidend dafür, ob ich mich als Hörer von dieser Musik wie von einem Selbstobjekt in meiner empfindsamen und differenzierten Emotionalität verstanden fühle oder nicht.

Guldas einfühlsames Spiel offenbart, dass die Melodie der Oberstimme eine gewisse Traurigkeit enthält. Diese sublime Melancholie wird in der Syntheziser Version durch klangliche Brillanz überdeckt. In Guldas Spiel wird die Traurigkeit zugelassen und ausgedrückt, u. a. dadurch, dass er ein deutlich langsameres Zeitmaß wählt, gleichsam ein erwachsenes Zeitmaß. Der ruhige Atem seines Spiels fordert vom Hörer eine geduldige Aufmerksamkeit ein. Wer sich dieser Anforderung stellt, wird damit belohnt, dass sich innere seelische Räume öffnen. Guldas Vortrag lädt den Hörer dazu ein, seine ansonsten vom Schutzpanzer umgebenen Gefühle frei fließen zu lassen. Auf dieses Wagnis wird sich der Hörer jedoch nur einlassen, wenn er ein Vertrauen gewinnt, dass der Pianist die sich zeigenden Gefühle auch auffängt, hält und aushält. Es kann den Hörer sehr verletzen, wenn er durch ungekonntes oder uneinfühlsames Spiel mit seinen Gefühlen stehen gelassen wird und er alle Mühe damit hat, den alten Schutzwall ganz unverhofft wieder errichten zu müssen. Aus gleichen Gründen sind wir auch gegenüber äußeren Störungen sehr empfindlich, weil sie uns in einer ungeschützten Situation antreffen, in der wir gerade unsere inneren Türen weit geöffnet haben.

Wir sehen, es ist nicht das Musikstück allein, das darüber entscheidet, ob wir uns in unseren Gefühlen verstanden fühlen. Sehr wesentlich ist der künstlerische Interpret und seine Fähigkeit, die sublimen Gesten und Bewegungsgestalten eines Stückes in einer Weise klanglich zu realisieren, dass sie in unserem Innern unsere Gefühlsräume aufschließen, und ob er darüber hinaus in der Lage ist, die sich zeigenden Empfindungen empathisch aufzufangen und zu begleiten. Es ist mein Eindruck, dass Friedrich Gulda das gelingt. Seine Interpretation rührt tiefe Gefühle von sehnsuchtsvoller Liebe einerseits und zarter Melancholie andererseits an. Gulda erhebt die Musik Beethovens in den Rang eines liebevollen reifen Selbstobjekts, das sich in feinste Regungen unseres emotionalen Erlebens einfühlt und unsere Seele in ihrer Tiefe berührt. Und es gehört gleichzeitig zum Kennzeichen einer reifen Selbstobjekterfahrung, dass in ihr neben der differenzierten, erwachsenen Empathie auch alle früheren Ebenen narzisstischen Erlebens, die archaischen wie die frühkindlichen, mitschwingen und darin widerhallen. Diese Gleichzeitigkeit der unterschiedlichen Ebenen narzisstischen Erlebens ist, wie unsere Analyse gezeigt hat, in Beethovens Mondscheinsonate in beeindruckender Weise gelungen, und damit erweist sich dieser 1. Satz der Cis-Moll-Sonate in der Interpretation von Friedrich Gulda als ein reifes und narzisstisch vollkommenes Meisterwerk.

## Literatur

Argelander, Hermann (1971): Ein Versuch zur Neuformulierung des primären Narzißmus. In: Psyche 25, S. 358–373.

Erdheim, Mario (2001): Omnipotenz als Möglichkeitssinn. In: Freie Assoziation, 4, 1, S. 7–22.

Freud, Sigmund (1930a [1929]): Das Unbehagen in der Kultur. GW Bd. XIV. Frankfurt/M.: S. Fischer.

Görner, Rüdiger (2001): Literarische Betrachtungen zur Musik. Frankfurt/M.: Insel.

Grunberger, Béla / Dessuant, Pierre (2000): Narzissmus, Christentum, Antisemitismus. Eine psychoanalytische Untersuchung. Stuttgart: Klett-Cotta.

Kohut, Heinz (1973): Narzissmus. Eine Theorie der psychoanalytischen Behandlung narzisstischer Persönlichkeitsstörungen. Frankfurt/M.: Suhrkamp.

Les très riches Heures du Moyen Age (1995): Booklet zur CD. Harmonia Mundi France.

Motte, Dieter de la (1978): Musikalische Analyse. Kassel: Bärenreiter.

Sadie, Stanley / Latham, Alison (1994): Das Cambridge Buch der Musik. Frankfurt/M.: Zweitausendeins.

Symington, Neville (1997): Narzissmus. Neue Erkenntnisse zur Überwindung psychischer Störungen. Gießen: Psychosozial-Verlag.

Tenbrink, Dieter (2002): Musik, primäre Kreativität und die Erfahrungsbildung im Bereich der Beziehung zu subjektiven Objekten. In: Oberhoff, Bernd (Hg.): Das Unbewusste in der Musik. Gießen: Psychosozial-Verlag, S. 9–36.

Wahl, Heribert (1994): Glaube und symbolische Erfahrung. Eine praktisch-theologische Symboltheorie. Freiburg: Herder.

Winnicott, Donald W. (1971): Vom Spiel zur Kreativität. Stuttgart: Klett-Cotta.

# Anhang

## "Mondscheinsonate"
### SONATA QUASI UNA FANTASIA

Ludwig van Beethoven
Opus 27 Nr. 2

**Adagio sostenuto**

Dieses ganze Stück muß sehr zart und mit Pedal gespielt werden.

2

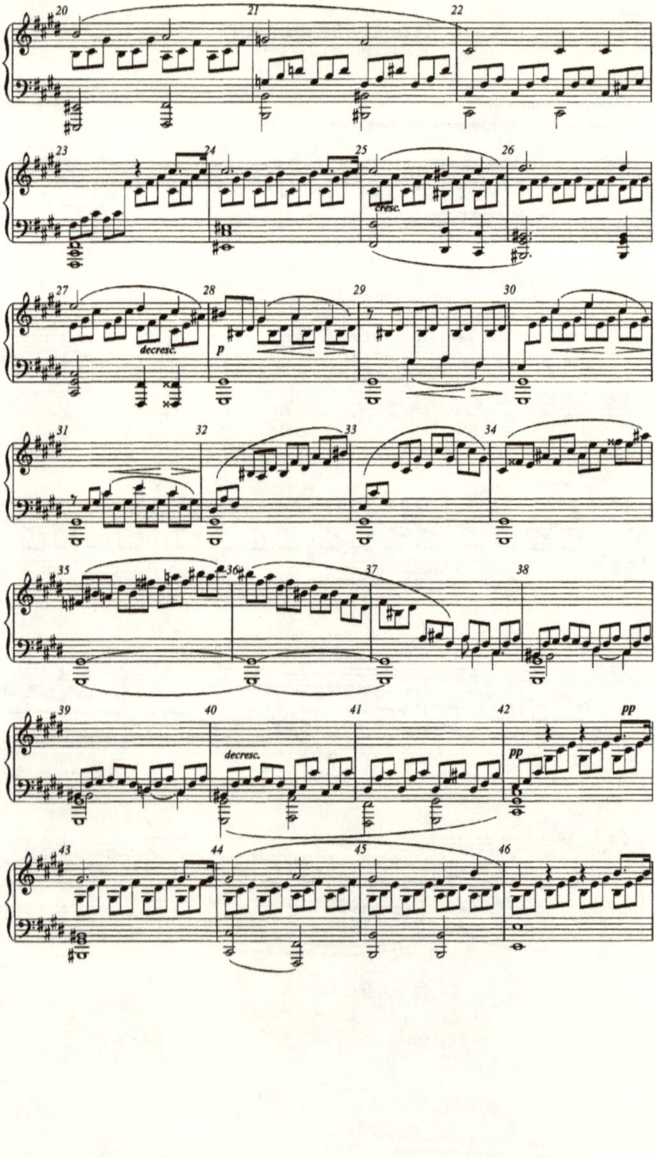

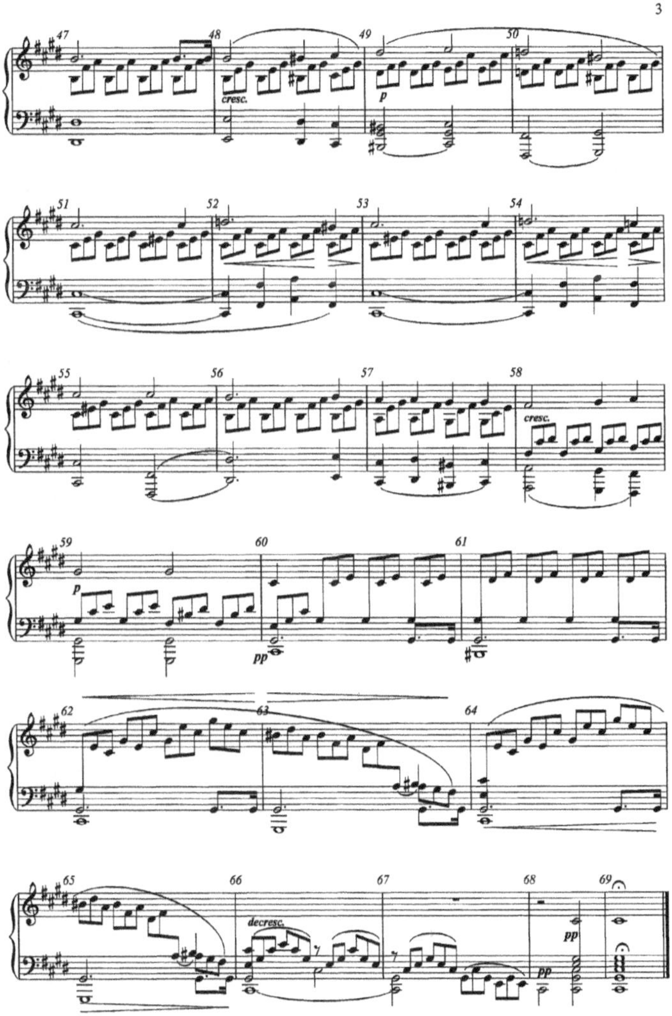
3
cresc.
p
cresc.
p
pp
decresc.
pp
pp

# Die Stimme als Geliebte – Zur Transformation früher Beziehungsengramme in der Musik

*Sebastian Leikert*

## Einleitung

»Ex Deo nascimur – In Christo morimur – Per Spiritum Sanctum revivi-scimus.« Aus Gott werden wir geboren, in Christus sterben wir, durch den heiligen Geist werden wir wieder leben. Diese Grundformeln der christlichen Lehre spielen auf die drei großen Feste, auf Weihnachten, Ostern und Pfingsten, an. Sie sind großartige Metaphern für einen einzigen Lebensprozess des Beginnens, der Krise und der Transzendenz.

Es ist das Verdienst der neueren Bachforschung, namentlich das von Helga Thoene, nachgewiesen zu haben, dass diese Gesamtentwicklung über mehrere Etappen in einigen Fällen das innere Programm Bach'scher Werke bestimmt. Dabei sind nicht so sehr die großen Oratorien und Passionen gemeint, die jeweils eine Etappe dieses Wegs beleuchten. Thoene weist für die sechs Sonaten und Partiten für Violine solo bis ins Detail nach, wie die Metaphern von Geburt, Tod und Auferstehung Wendepunkte des Werkes definieren. Zusätzlich zeigt die Forscherin aber auch, dass Bach hier den Tod seiner ersten Frau verarbeitete. Insbesondere der dramatische Umbruch vom Tombeau auf die verstorbene Gattin in der Chaconne der zweiten Partita (d-Moll) zum pfingstlichen Jubel im Präludium der dritten Partita (E-Dur) überzeugt von dieser Lesart (Thoene 1998).

Tod und Zerstörung als untergründiges Thema der Musik lassen sich auch in scheinbar völlig anders gearteten Musikrichtungen wieder finden. An anderer Stelle habe ich ein Punk-Stück interpretiert, in dem ein Selbstmord musikalisch verarbeitet wurde und in dem das Phantasma des Überlebens einer Zerstörung herausgearbeitet werden konnte (Leikert 2002b). Eine geheime Parallele zum Erlkönig, in der Vertonung von Franz Schubert, fiel auf: Es geht in Schuberts Ballade um die musikalische Darstellung einer Zerstörung, wobei auch hier die Zerstörung, durch ihre musikalische Überhöhung transzendiert wurde. Man könnte die Reihe beliebig fortsetzen und etwa die »Erwartung« von Arnold Schönberg hinzufügen. Immer wieder scheint es in der Musik um diesen Prozess zu gehen: das Begehren zu fesseln und ihm eine zeitliche bestimmte Form anzubieten, in der es den Moment existenzieller Angst, den absoluten Nullpunkt des Begehrens, erleben und triumphal überleben kann. Aber was geschieht hier?

Wir begegnen in der Geschichte vielen Versuchen, diesen Prozess zu benennen. Die Antike hat diesen Prozess im dionysischen Kultus als Geschehen von Zerstörung und Wiedergeburt gefeiert. Bachs christliche Metapher von Geburt, Tod und Auferstehung ist ein weiterer Versuch, den Gesamtprozess zu umreißen. Der aufklärerische Gestus eines Beethoven drückt sich z. B. in der Formel »Durch Kampf zum Sieg« aus. Immer wieder erleben wir in der Musik eine Gefahr, überstehen sie und erreichen einen Punkt der Begütigung, einen Punkt, den eine Kollegin und Freundin mit den Worten beschrieb: »Dann ist es gut«. Hier soll versucht werden, diesen Weg mit psychoanalytischen Begriffen zu beschreiben. Dabei steht vor allem der Wendepunkt des Prozesses im Zentrum des Interesses: der Umschlag von Tod in die Wiedergeburt.

»Morimur«, in Christus sterben wir. In der Trauer sterben wir mit dem verlorenen Objekt. Für Bach war dies keine leere Formel. Er fürchtete, nach dem Tod seiner ersten Frau, der ihn unheilvoll an den Tod des Vaters erinnerte, nach dem dieser seine Frau verloren hatte, selbst zu sterben. Dass dem Tod des Objekts auch der Tod des Selbst folgt, war für Bach eine unheilvolle Lebenserfahrung (Leikert 2002a). Dies disponierte ihn, als Komponist diesen Prozess der Zerstörung und den Wiedergewinn des Lebensmutes und des Genießens in der Musik darzustellen. Aber auch in dem großen Mythos der Musik, im Mythos des Orpheus, folgt der Held dem verlorenen Objekt in den Hades, erleidet selbst einen Tod, bevor der sein verlorenes Objekt in der Musik wiedererschafft (Oberhoff 1999). Dieser Weg in die Unterwelt ist aber auch ein Weg zurück: ein Weg zu den archaischen Wurzeln unserer Existenz.

## Die autistisch-berührende Position

Die Musik lässt sich durch einen Mythos, den Mythos von Orpheus, erschließen, der einem Bereich zugeordnet werden kann, der genetisch und strukturell vor dem des Narzissmus und der ödipalen Strukturen liegt (Leikert 2001). Thomas Ogden hat eine ähnliche Dreiteilung grundlegender Strukturen formuliert. Zu der bereits klassisch gewordenen Unterscheidung von depressiver und schizoider Position hat er als dritte, zeitlich vorgelagerte Struktur, die autistisch-berührende Position hinzugefügt (Ogden 1995). Insbesondere in der Betonung der sensorischen Komponenten der Bedeutungsbildung scheint eine Parallele zu der von mir vorgeschlagenen Sichtweise auf. An dieser Stelle sollen die Überlegungen jedoch ganz in dem von Ogden vorgeschlagenen Rahmen bleiben.

Seit Melanie Kleins Arbeit zu schizoiden Mechanismen haben wir begonnen, zwischen der depressiven und der schizoiden Position zu unterscheiden (Klein 1962). Dabei versteht Melanie Klein unter der schizoiden Position eine psychische Funktionsweise, die wesentlich durch die Mechanismen der Spaltung und der Projektion bestimmt wird. Unerträgliche aggressive Anteile des Selbst werden in diesem Modus abgespalten und ins Objekt projiziert. Damit wird das Objekt zum bösen und verfolgenden Objekt. Gute und tragende Anteile der Beziehungserfahrung werden davon getrennt und zur Erfahrung eines ausschließlich guten Objekts verdichtet. Wir finden hier also die Spaltung in archaisch gute und archaisch böse Objekte, denen sich ein von Aggression gereinigtes Subjekt gegenüber sieht.

Es ist das Verdienst Bions, gezeigt zu haben, dass sowohl Spaltung als auch Projektion keine per se pathologischen Prozesse sind, sondern dem Aufbau der psychischen Struktur dienen, bzw. eine archaische Form der Kommunikation darstellen. So ist die Fähigkeit zu Projektion von Selbstanteilen eine frühe Kommunikationsform, mit welcher der Säugling für ihn nicht verarbeitbare emotionale Zustände ausstößt, in die Mutter verlagert und in der Kommunikation mit ihr die Möglichkeit erhält, diese Zustände in veränderter und verarbeiteter Form zurück zu erhalten und integrieren zu können (Bion 1957). Auch der Mechanismus der Spaltung ist primär nicht pathologisch, sondern dient dazu, das anfangs noch schwache Ich vor einer Überflutung mit destruktiven Affekten zu sichern und damit einen inneren Raum vor einem Zusammenbruch zu schützen.

Eine wirkliche Beziehung zum inneren Konflikt ergibt sich aber erst im depressiven Modus. Das Subjekt hebt hier die Spaltung wieder auf und erkennt sowohl gute als auch aggressive Anteile an ein und demselben Objekt. Vor allem aber kann es seine eigene Aggression gegen das Objekt erleben; sie unterliegt also nicht mehr dem Mechanismus der Projektion. Die Folge davon sind Schuldgefühle gegenüber dem guten Objekt, das durch die eigene Aggression beschädigt wurde und, als Reaktion auf diese Schuldgefühle, Bestrebungen zur Wiedergutmachung am Objekt. Die für den depressiven Modus zentrale Angst ist also die Angst vor dem Verlust eines wertvollen Objekts durch die eigene Aggressivität.

In ihrer Arbeit über »Angstsituationen im Spiegel künstlerischer Darstellungen« beschreibt Melanie Klein den kreativen Prozess auf dem Hintergrund eines in der Phantasie erfolgten Angriffs auf das Objekt. Da inzwischen die positiven Gefühle gegenüber dem Objekt überwiegen, kommt es zu einer Wiedergutmachung am Objekt durch eine symbolische Neuerschaffung des Objekts (Klein 1929). In diesem Zusammenhang des kreativen Prozesses verwendet Klein zum ersten Mal den Begriff der Wiedergutmachung, der später zum zentralen Begriff für die depressive Position werden sollte.

Mit der Beschädigung des guten Objekts gehen die Gefühle von Trauer und Verlust einher. Die Wiedergutmachung führt zur Herstellung eines Symbols für das Objekt. Die Symbolisierung im eigentlichen Sinne gibt dem guten inneren Objekt eine Konsistenz und eine stabile, überdauernde Repräsentation. Die Wiedergutmachung ist gleichsam eine symbolische Anerkennung des Guten am Objekt, seine Symbolisierung erlaubt die Introjektion des guten Objekts. Erst mit dem depressiven Modus erschließt sich das Subjekt also einen wirklichen Zugang zum Symbol (Klein 1960).

Bis hierhin sind Ihnen die referierten Kategorien wohl vertraut. Durch ihre Erklärungskraft, insbesondere für frühe Strukturen wie die Psychose, ergänzen sie die Freud'schen Konzepte. Andere pathologische Bilder, insbesondere der Autismus, brachten aber neue Erklärungsprobleme mit sich, denn der Autist kann die schizoiden Mechanismen der Spaltung und Projektion gerade nicht einsetzen, um einen inneren Raum zu schaffen, in dem sich ein Selbstgefühl stabilisieren kann. Ausgehend von der Säuglingsbeobachtung hatte Bick die Bedeutung der Hauthülle und der gelingenden frühen Mutter-Kind-Interaktion für die Schaffung eines Innenraums beschrieben. Fehlt ein solcher psychischer Raum, so ist es nicht möglich, Selbstanteile in das Objekt zu projizieren und auf diese Weise mit dem Objekt zu kommunizieren. In diesem Fall muss das Baby das Objekt permanent an sich binden. Bick spricht von einer »adhäsiven Identifizierung« (zit. nach Hinshelwood 1993, S. 314).

Thomas Ogdens Beitrag ist insofern bedeutsam, als er systematisch diese frühe Form, Erfahrung zu organisieren, beschreibt. Der Ort der

Erfahrung ist dabei kein Innenraum, wie im schizoiden oder depressiven Modus, sondern eine Oberfläche:

>»Die unverarbeiteten sensorischen Daten werden mittels Bildung vorsymbolischer Verbindungen zwischen den sensorischen Eindrücken geordnet. Diese Eindrücke führen zur Bildung begrenzter Oberflächen. Auf eben diesen Oberflächen hat die Erfahrung des Selbst ihre Ursprünge« (Ogden 1995, S. 51).

Die sensorischen Eindrücke kommen dabei durch einen Kontakt mit dem Objekt zustande. Für Ogden ist das früheste Erleben gerade kein objektloser Zustand; er versteht

>»die autistisch-berührende Position nicht als ein geschlossenes System, in dem das Kind von seiner Objektwelt isoliert ist und auf sie nicht reagiert ... (vielmehr) werden Objektbeziehungen – im autistisch-berührenden Modus – in Form der sensorischen Oberflächen erfahren, die durch die Interaktion des Individuums mit seinen Objekten entstehen und durch die sensorischen Transformationen, die sich im Verlaufe dieser Interaktionen innerhalb des Individuums vollziehen« (ebd., S. 53).

Ziel dieser frühesten Form der Erfahrungsbildung ist dabei die Herstellung und Wahrung einer »sensorischen Kontinuität«, die eine lebendiges und zeitlich zusammenhängendes Lebensgefühl erlaubt. Ogdens Formulierung »autistisch-berührender Modus« verdeutlicht die Spannung zwischen der körperlich vermittelten Beziehung mit dem Objekt und dem autistischen Rückzug aus dieser Beziehung durch die Verwendung von das Selbst stimulierenden sensorischen Ketten. Sehr anschaulich beschreibt Ogden auch Abwehrprozesse im autistisch-berührenden Modus, wie sie in der klinischen Erfahrung zu beobachten sind.

>»Die im autistisch-berührenden Modus geschaffenen Abwehrmechanismen sind auf die Wiederherstellung der Kontinuität der begrenzten sensorischen Oberfläche und der geordneten Rhythmuserfahrung, auf denen die frühe Integrität des Selbst beruht, ausgerichtet. Während der Therapiestunden versuchen Patienten (die sich in allen Stadien der psychischen Reife befinden können) im allgemeinen, einen sensorischen ›Boden‹ der Erfahrung wiedereinzurichten, indem sie sich Tätigkeiten hingeben wie Haar drehen, mit dem Fuß klopfen ... über Lippen, Wangen oder ein Ohrläppchen streichen, summen, Melodien intonieren ... Solche Tätigkeiten können wir uns als Benutzung autistischer Formen zur Selbstberuhigung denken« (ebd., S. 73).

An diesem Beispiel kann das Wesen des autistischen Abwehrvorgangs erläutert werden: Gegen die lebendige und berührende Anwesenheit des Anderen werden selbst erzeugte repetitive Ketten gesetzt, die für das geängstigte Subjekt gleichsam wie ein Objekt fungieren. Weder Spaltung noch Projektion bestimmen die Szene; wir beobachten einen autistischen Rückzug vom Objekt, das durch sensorische Barrieren abgeschirmt wird.

Betrachten wir noch einmal den Unterschied zum schizoiden Modus: Hier kann sich das Subjekt durch Projektion des unerwünschten Anteils der Erfahrung entziehen und das Selbst vor der Überflutung mit destruktiven Spannungen schützen. Im autistisch-berührenden Modus ist es dieser Spannung ausgesetzt. Wenn die Objektberührung, also das real anwesende Objekt, es nicht davon erlöst, kann es nur kataton das eigene Körpererleben stilllegen oder sich mit den von Ogden beschriebenen sensorischen Mechanismen vor der traumatischen Abwesenheit des erlösenden Objekts sichern. In der autistisch-berührenden Position werden körperlich vermittelte Muster der Objektbeziehung eingeschrieben. Ich schlage vor, hier von körpernahen Beziehungsengrammen zu sprechen, also von vorsymbolischen Einschreibungen, die grundlegende Beziehungserfahrungen speichern.

Der autistisch-berührende Modus kann als Phase einer vollkommenen Abhängigkeit vom Objekt verstanden werden. Der einzige Schutz gegen eine destruktive Beziehungserfahrung besteht hier in einer Art Selbst-Abtötung, die zu einer Kontakt vermeidenden Repetition führt. Die schizoide Position reinigt durch die Mechanismen der Projektion und Spaltung einen inneren Raum der Erfahrung des Selbst, in dem Zuversicht und Autonomie gegenüber dem Objekt erlebt werden. Erst mit der depressiven Phase kann das Subjekt einen lösbaren Konflikt mit dem Objekt erleben und durch das jetzt wirksame Symbol bearbeiten.

Wertvoll an Ogdens Konzeption scheint auch die systematische Verbindung zu den anderen Modi des psychischen Funktionierens. Der Autor begreift die menschliche Erfahrung als das

>»Ergebnis einer dialektischen Beziehung zwischen drei Erfahrungsmodalitäten ... Der autistisch-berührende Modus sorgt für ein gutes Maß an sensorischer Kontinuität und Integrität der Erfahrung (den sensorischen ›Boden‹); der paranoid-schizoide Modus ist ein Hauptquell der Unmittelbarkeit konkret symbolisierter Erfahrungen; und der depressive Modus ist ein wesentliches Medium, durch das geschichtliche Subjektivität und die Reichhaltigkeit symbolisch vermittelter menschlicher Erfahrung entsteht« (ebd., S. 46).

Anhand eines klinischen Beispiels möchte ich illustrieren, wie das Zusammenspiel der verschiedenen Modi vorstellbar ist. Eine Patientin, mit der ich seit längerem analytisch zusammenarbeite, leidet unter den Folgen einer sexuellen Traumatisierung in der Kindheit. Nachdem wir über eine längere Phase Erinnerungen und destruktive Phantasien, wie sie sich in gewalttätigen Träumen zeigten, durchgearbeitet hatten, kam es zu einer Phase, in der kein Traum- oder Erinnerungsmaterial mehr an den Missbrauch gemahnte. Die Patientin berichtete jedoch von Händen, die sie auf dem Rücken fühle und die unangenehme Empfindungen auslösten. Es handelte sich nicht um ein Halluzination, sondern um einen lebhaften sensorischen Eindruck, der aber keinen Realitätscharakter annahm. Wir konnten eine Verbindung zwischen einem aktuellen Erlebnis und einer konkreten Missbrauchssituation herstellen. Als diese symbolische Verbindung geschaffen war, kamen weniger Affekte als vielmehr quälende Köpergefühle – Übelkeit, Augenschmerzen, Kopfschmerzen – zum Vorschein und konnten jetzt kathartisch abgeführt werden. Unter der Schicht unbewusster Phantasien konnten in dieser Etappe der Arbeit körperliche Engramme einer traumatischen Beziehungserfahrung bearbeitet werden. Das Ziel der analytischen Arbeit ist in diesem Sinne also nicht nur die Wiederherstellung der Kontinuität der Geschichte des Subjekts, sondern auch die wechselseitige Ergänzung der drei Modalitäten der menschlichen Erfahrung.

## Das Objekt Stimme

Diese neue Landkarte des psychischen Funktionierens, die Ogden uns hier vorlegt, kann als Folie genutzt werden, Überlegungen zum Objekt Stimme zu artikulieren. Die auditive Beziehung kann der taktilen an die Seite gestellt werden und geht genetisch sogar noch vor diese zurück in die Zeit des vorgeburtlichen Lebens. Dem autistisch-berührenden Modus steht in diesem Sinne ein auditiver Beziehungsmodus zur Seite, ein Beziehungsmodus, der im Objekt Stimme sein Fundament erhält. Kein anderes Objekt ist so tief in unserem Sein verwurzelt wie das Objekt Stimme. Die Beziehung zur Stimme verbindet in grandioser Kontinuität die vorgeburtliche mit der nachgeburtlichen Existenz. Da dieser Punkt auch für das tiefenpsychologische Verständnis der auditiven Beziehung, bestimmend zu sein scheint, soll kurz über pränatale Hörerfahrungen referiert werden.

Wie kann man sich die vorgeburtliche Hörwelt vorstellen? Zunächst bietet der Mutterleib einen gewissen Schallschutz, so dass laute Außengeräusche mit einer Lautstärke bis zu 60 dB ankommen, was etwa einem Gespräch in normaler Lautstärke entspricht. Dabei werden insbesondere die höheren Frequenzen verzerrt und weggefiltert. Atem- und Verdauungsgeräusche, sowie der kontinuierliche Bass des mütterlichen Herzschlags bilden einen homogenen Klangteppich, von dem sich ein einziges akustisches Ereignis deutlich abhebt, nämlich die mütterliche Stimme. Die mütterliche Stimme wird als einzige relativ unverzerrt, d. h. mit größerer Lautstärke und höherem Frequenzgang, wahrgenommen, da der Fötus nah an der Schallquelle ist. Sie ist unter allen akustischen Ereignissen auch diejenige, die am regelmäßigsten wahrgenommen wird und eine bedeutsame emotionale Kontur aufweist, die das Ungeborene versteht. Aber was heißt hier verstehen? Was wissen wir von den Reaktionen des Ungeborenen auf die akustische Umwelt?

Zunächst lässt sich eine Reaktion, vor allem auf tiefe Frequenzen schon in der 16. Woche der Schwangerschaft nachweisen (Hepper 1992). Die Sensibilität für akustische Reize entwickelt sich dann kontinuierlich und ist im dritten Trimester der Schwangerschaft mit der Funktionsweise des Gehörs eines Erwachsenen zu vergleichen (ebd.). Jedoch lassen sich schon bei fünf Monate alten Ungeborenen spezifische verstehende Reaktionen auf unterschiedliche musikalische Reize nachweisen. So reagiert es beruhigt auf Komponisten wie Vivaldi und Mozart, zeigt jedoch Reaktionen von Unruhe und Verstörung bei dramatischeren musikalischen Verläufen, z. B. bei Beethoven und Brahms (Clements 1977). In einer sehr genau kontrollierten Studie konnte Hepper nachweisen, dass Föten mit Bewegungsmustern auf bereits bekannte Musik reagierten, die spezifisch waren und sich von den Reaktionen einer Kontrollgruppe deutlich unterschieden (Hepper 1991). In der gleichen Studie konnte er zeigen, dass Neugeborene zwei Tage nach der Geburt, also in einer Situation, die eine solche Messung zuließ, durch Musik, die sie aus der vorgeburtlichen Zeit kannten, in einen Zustand erhöhter Wachheit versetzt wurden (ebd.).

Von simplen Möglichkeiten der Konditionierung (Spelt 1948) bis hin zu der Beschreibung komplexer Lerngeschichten (Sallenbach 1994) lässt sich die enge Beziehung der fötalen Entwicklung zu den akustischen Reizen belegen. Es konnte sogar nachgewiesen werden, dass Ungeborene nach Beendigung der musikalischen Stimulation und der daraus folgenden intrauterinen Tanzstunde verstärkt gähnen (Birnholz 1983).

Bleibt man zunächst auf der rein physiologischen Ebene, so lässt sich die enge Verbindung von musikalischem Reiz und körperlicher Bewegung auf die Stimulation des Vestibularsystems, einem wichtigen Teil des Innenohrs, zurückführen, das für den Gleichgewichtssinn und die Koordination der Bewegungen zuständig ist. Gleichzeitig wird aber auch die Gehirnaktivität stimuliert. Obwohl die Möglichkeit, intrauterines Verhalten zu erforschen, sich durch den Einsatz von Ultraschall-Filmen wesentlich vereinfachen wird, ist es auch zum gegenwärtigen Zeitpunkt keine Phantasterei mehr zu sagen, dass die akustische Umwelt des Ungeborenen einen großen Einfluss auf ihn hat.

Nach der Geburt nun wird versucht, dem Säugling nicht nur mit Wiege, Pflege und Schutz eine Umgebung zu gestalten, die der vorgeburtlichen ähnelt. Auch die akustische Situation sucht sich dem anzunähern. Der Säugling wird vor lauten Geräuschen geschützt, von der Mutter aber mit einer hohen, intensiv intonierten Stimme angesprochen, die nahe am Gesang liegt. Die Stimme, mit der sich die Mutter an den Neugeborenen wendet, unterscheidet sich charakteristisch von der normalen Sprechstimme. Die Mutter sucht sich auf diese Weise intuitiv als die erste Geliebte zu erkennen zu geben, die der geborene Mensch verloren hat. Und das wesentliche Mittel, dies zu erreichen, liegt in der gesteigerten Tonhöhe und gestischen Intensität, die ihre Stimme vom übrigen akustischen Umfeld abhebt.

Diese Grundsituation lässt sich in vielen musikalischen Einzelheiten wieder erkennen. Wir sprechen der höheren Stimme – dem Tenor, gegenüber dem Bass, dem Sopran gegenüber der Altstimme – ein höheres Prestige im musikalischen Genießen zu. Es ist kein Zufall, dass wir mehr Violinkonzerte kennen als Konzerte für den Kontrabass. Bis in die Einzelheiten der Klanggebung des Instruments lässt sich dies nachvollziehen. Diejenigen Geigen werden bevorzugt, deren Frequenzgang sich den helleren Formanten der Vokale »e« und »i« angleicht, und nicht die dunkleren Vokale »o« oder »u« nachbildet. Die Kunst des Geigenbaus, bis hin in die Rezeptur des Lacks, dreht sich zu einem nicht unwesentlichen Teil um die Frage, wie dies zu erreichen sei. Immer geht es also darum, der Stimme jenes Prestige des ersten Objekts wieder zu geben, dessen Spur sich uns eingeschrieben hat.

# Stimme und Subjekt

Versuchen wir, uns der psychoanalytischen Dimension der Beziehung zum Objekt Stimme zu nähern. Ohne Zweifel handelt es sich um das erste bedeutsame Objekt unserer Existenz. Es steht jedoch auch außer Zweifel, dass es in dieser herausragenden Stellung weder in der Beschreibung noch in den theoretischen Konzepten der analytischen Autoren gewürdigt wurde. Pars pro toto kann hier Thomas Ogden genannt werden. Zwar beschreibt er eine Vielzahl von Phänomenen, die dem Objekt Stimme zugeordnet werden können – die Bedeutung des Rhythmus, die Bedeutung des Gesangs für die sensorische Kontinuität. Die Stimme als eigenständiges Feld der Objektbeziehung ist jedoch weder phänomenologisch gesichtet noch theoretisch durchdrungen worden. Dabei gibt es viele Bereiche der klinischen Erfahrung, die dazu Anlass bieten (siehe Leikert 2003, in diesem Band).

Die Stimme tritt in der Psychose mit einer imperativen Macht hervor, die keine Grenze erlaubt und die das Subjekt ebenso zur Marionette zu machen droht, wie dies in der Beobachtung des intrauterinen Tanzes beim Fötus der Fall zu sein scheint. In eine ähnliche Richtung geht der Einfluss, den die Stimme in der Hypnose ausübt. Hier ist die Stimme das Medium, das den Hypnotisierten vom normalen Wachzustand in eine psychische Situation versetzt, in der die Stimme des Hypnotiseurs – gerade in körperlicher Hinsicht – einen Einfluss auf das Subjekt ausübt, der so überraschend ist, dass sie sogar zur Jahrmarktsattraktion taugt. Aber auch in der Musik tritt die Stimme mit imperativer Intimität hervor. Wir zweifeln nicht daran, dass die Stimme in der Musik direkt zu uns spricht.

Aber zurück zur postkleinianischen Theorie von Thomas Ogden, die einen hervorragenden Rahmen für ein theoretisches Verständnis der Beziehung zwischen Subjekt und Stimme bereitstellt. Ohne weiteres können wir seine Überlegung zur sensorischen Kontinuität, zum Kontakt mit dem Objekt oder zur autistischen Abschottung gegen das Objekt von der sensorischen Oberfläche ›Haut‹ auf das Feld der auditiven Beziehung übertragen. Hier wie dort geht es darum, dem Subjekt auf einer präsymbolischen Ebene das Gefühl eines Weiterbestehens zu vermitteln: »Die Erfahrung des ›Selbst‹ ist an diesem Punkt nicht mehr als ein reflexionsfreier Zustand eines sensorischen ›Weiterbestehens‹« (Ogden 1995, S. 33).

Das empirische Forschungsergebnis eines differenzierten Gedächtnisses für Musik bereits beim Ungeborenen lässt sich wohl auch im Sinne früher Beziehungsengramme deuten. Die Brüche der erlebten Kontinuität lassen sich um so leichter in ihrer versteinernden Wirkung auf die erlebte Körperlichkeit beziehen, als durch die Betrachtung der pränatalen Beziehung zur Musik deutlich geworden ist, wie unmittelbar die Musik sich in die Muster der Körperlichkeit engrammiert.

Gleichwohl wollen wir es nicht bei Ähnlichkeit von Haut und Stimme im Bereich des autistisch-berührenden Modus bewenden lassen. Zwar sind beides Bereiche früher sensorischer Beziehungserfahrung, sie weisen jedoch charakteristische Unterschiede auf. Erinnern wir uns an Bicks Beobachtung der Wichtigkeit sensorischer Erfahrungen auf der Haut für die Schaffung und stückweise Integration des Gefühls eines inneren Raums. Verfolgt man diese Reihe, so lässt sich die Haut als sensorische Oberfläche, als Vorform des Ichs erkennen. Bereits Freud sprach vom Ich als einem Oberflächenwesen. »Das Ich«, so schreibt er, »wird letzten Endes von körperlichen Empfindungen abgeleitet und zwar hauptsächlich von jenen, die von der Körperoberfläche ihren Ausgang nehmen« (Freud 1923b, im Jahr 1927 hinzugefügte, nur in der *Standard Edition* aufscheinende Fußnote (19; S. 26)). Didier Anzieu hat in seinen Arbeiten zum »Haut-Ich« gezeigt, wie fruchtbar sich dieser Ansatz ausbauen lässt (Anzieu 1992).

Nun lässt sich aber die Stimme sicherlich nicht auf dieser Linie einordnen, auch wenn Anzieu mit dem Begriff der Lauthülle versucht hat, die Stimme hier unter sein Konzept zu subsumieren (ebd., S. 207ff.). Eher kann man von einem Ergänzungsverhältnis von Haut und Stimme sprechen. Wenn die Haut, als Oberfläche, die erlebte Vorform des *Behälters* ist, den wir als das Ich bezeichnen, so lässt sich die Stimme als Vorform dessen erkennen, was den *Inhalt* dieses Gefäßes bildet.

Die Stimme versetzt das Körperinnere in eine Spannung und moduliert diese Spannung durch den Verlauf der musikalischen Spannungswerte. Auf all dies reagiert bereits das Ungeborene. Wir können die Bewegungen des Ungeborenen als präsymbolische Form für die Bewegtheit ansehen, die wir später Emotion nennen. Das Wort Emotion leitet sich ja vom lateinischen e/movere = sich wegbewegen ab. Und in der Tat verwendet die Alltagssprache das Wort Emotion oder Gefühl ja für eine Situation, in der eine Bedeutung so lebhaft erfasst wird, dass sich ihre

Wirkung bis ins Körperselbst, bis in den Bereich des autistisch-berührenden Modus fortsetzt.

Betrachtet man die Vorgänge im autistisch-berührenden Modus unter dem Gesichtpunkt von Stimme und Bewegung, so lassen sich wichtige Überlegungen Ogdens zur Erfahrungsbildung einordnen. Der Autor spricht von Möglichkeiten der »Internalisierung« im autistisch-berührenden Modus, d. h. davon, wie sich eine flüchtige Erfahrung in eine psychische Struktur, nach meinem begrifflichen Vorschlag in ein Beziehungsengramm, umwandelt. Dies geschieht über den Prozess der »Imitation« (Ogden 1995, S. 76). »Imitation dient nicht nur als Form der Wahrnehmung ... und als Methode, den anderen festzuhalten (vom anderen geformt zu werden), sie dient auch als wichtige Form der Objektbezogenheit im autistisch-berührenden Modus« (ebd., S. 77). Es fällt mir offen gesagt schwer, mir vorzustellen, was Ogden hier in Bezug auf die Hautoberfläche meint. Das Kind kann die Berührung der Mutter nicht imitieren; vielleicht ist das Daumen-Lutschen als Imitation des Trinkens an der Brust ein solcher Versuch der Imitation. Für den Bereich der auditiven Beziehung lässt sich jedoch einfach zeigen, wie der Prozess der Imitation und damit der Strukturbildung in diesem Modus der Erfahrungsbildung verstanden werden kann. Die empirischen Ergebnisse zur pränatalen auditiven Beziehung illustrieren ja ein Begegnungs-Lernen in Abhängigkeit von der Häufigkeit der Darbietung musikalischer Reize. Der Fötus imitiert mit seinen Bewegungen die erlebten Bewegungen der Musik. Auf diese Weise bildet sich langsam ein Beziehungsengramm.

## Die ästhetische Erfahrung

Der Mensch hat die Musik als einen Teil der Welt der ästhetischen Erfahrung geschaffen. Dabei lässt sich der Bereich des Ästhetischen als derjenige kennzeichnen, in dem das Subjekt darauf abzielt, die Beziehung zwischen den im Alltag verwendeten Symbolen und dem tiefsten Modus der Erfahrung, dem autistisch-berührenden Modus, wieder herzustellen. Im Gedicht werden die Worte der Alltagssprache gebraucht, ihre Zielrichtung ist jedoch nicht die Übermittlung von Information, sondern der Versuch, die Reichweite des Wortes bis in den Bereich des sensorischen Erlebens auszudehnen. Es ist der Versuch, die dialektische Beziehung zwischen dem Symbol und dem Beziehungsengramm des autistisch-berührenden Modus herzustellen, um einen psychischen Wandel auf der tiefsten Ebene des Erlebens zu bewirken.

Die Musik, die sich in besonderer Weise auf die Autorität des Objekts Stimme stützen kann, geht hier weiter als andere Künste, da sie sich gar nicht auf die Objekte des Alltags bezieht, sondern die basale Emotionalität direkt ansteuert. Dabei kann die wirklich verändernde Hörerfahrung vom gewohnten Hören abgegrenzt werden, etwa in dem Sinne, wie man ein Alltagsgespräch von einer verändernden Deutung in der Analyse abgrenzen kann.

Wenn man als Kliniker vor der Frage steht, ob eine gegebene Deutung zutreffend und wirksam war, kann man sich auch daran orientieren, ob sie eine Reaktion auslöst, die von den Zeichen einer körperlichen Ergriffenheit begleitet wird. Ich denke hier z. B. an ein erlösendes Weinen, wenn ein Wunsch oder eine Sehnsucht zutreffend und taktvoll formuliert werden konnte. Oder an ein eruptives Lachen, das eine verdrängte offensive Lust zum Ausdruck bringt, die meist im Gegensatz zu den bewussten Zielen der Person steht.

Ebenso kann man im Hören von Musik eine Grenze überschreiten: Plötzlich ist es, als sei man innerhalb der Musik, als sei man umgeben von einem Klangereignis von höchster subjektiver Bedeutsamkeit, das mit einer intensiven körperlichen Ergriffenheit einher geht. Diese Grenze lässt sich in dem hier skizzierten theoretischen Rahmen als ein Überschreiten der Grenze hin zu den körperlichen Beziehungsengrammen der autistisch-berührenden Position verstehen. Es handelt sich um das Durchbrechen einer Sperre, die mit verschiedenen Formen zusammengebracht wird, das Körperliche als Ort des Erlebens zu evakuieren, sei es die stumme Versteinerung des Depressiven, sei es die statuarische Kälte des narzisstischen Körperbildes. Alle Formen der Weiterentwicklung der psychischen Struktur haben auch die Funktion, das Subjekt vor einer allzu unmittelbar körperhaften Beteiligung zu schützen, ihm die Distanz einer besonnenen Verarbeitung zu ermöglichen. Die Musik erscheint dann als eine Möglichkeit, den Verlust an unmittelbarer Emotionalität, der damit einher geht, rückgängig zu machen.

# Das Symbol in der Musik

Wie aber ist nun das Symbol beschaffen, das dies zu Wege bringt? Die kleinianische Psychoanalyse geht davon aus, dass das Symbol im vollen Sinne erst im Rahmen der depressiven Position erreicht wird. Erst wenn im Konflikt mit dem Objekt der eigene aggressive Anteil erlebt und eine Beschädigung des Objekts schuldhaft erlebt wird, kommt es zu einer Wiedergutmachungsleistung im Sinne einer Wiederherstellung des Objekts im Symbol, wobei das Symbol als unterschieden vom Objekt wahrgenommen wird. Man spricht hier von einer symbolischen Repräsentation, während zuvor eine symbolische Gleichsetzung vorherrscht. Unter letzterem wird ein konkretistischer Bezug zum Symbol verstanden: Im schizoiden Modus werden Symbole wie Objekte behandelt. Für die autistisch berührende Position wird nun überhaupt kein innerer Raum angenommen, in welchem ein Symbol sich als solches konstituieren kann.

Betrachten wir noch einmal die Leistung des Symbols im Rahmen der depressiven Position: Das Subjekt erlebt seine eigene aggressive Beteiligung am Konflikt mit dem Objekt. Es erlebt das Objekt als von ihm selbst beschädigt und unternimmt eine Anstrengung zur Wiedergutmachung. Im schöpferischen Symbol schafft es einen Ersatz für das beschädigte Objekt. Damit stellt es das Symbol als drittes Element zwischen das Objekt und sich selbst und ermöglicht damit eine entscheidende Trennung vom Objekt. Das Symbol als Repräsentation zu verstehen, impliziert die Möglichkeit, das Objekt als abwesendes zu erleben und sich doch auf die mit ihm gemachte gute Erfahrung stützen zu können, da sie innerlich gespeichert ist. Dies ist die Geburt des guten inneren Objekts aus der Geste der Wiedergutmachung.

Wie aber lässt sich nun das musikalische Symbol verstehen? Auf der einen Seite steht es in seiner mimetisch imitierenden Symbolisierung körperlichen Erlebens ohne Zweifel der autistisch-berührenden Position nahe. Erinnern wir uns jedoch an die anfängliche Beobachtung, dass die Musik für Bach das Medium war, in welchem er den Trauerprozess um seine geliebte erste Frau gestalten und abschließen konnte. Zweifellos hat Bachs Musik auch die Fähigkeit, diesen Passionsweg auf den Hörer zu übertragen und es ihm zu ermöglichen, ihn ebenfalls zu beschreiten. Damit ist die Musik aber ohne Zweifel in der Lage, einen Prozess zu initiieren und zu vollenden, der erst in der depressiven Position möglich ist. Wie lässt sich dieses Paradoxon auflösen?

Bei näherer Betrachtung der Musik scheint zunächst alles dagegen zu sprechen, dass sie einen Verlust symbolisieren kann. Wie bereits gesehen, sucht sie in ihren klanglichen Strukturen die primäre Begegnung mit dem Objekt Stimme nachzugestalten, indem sie im klanglichen Umfeld eine Stimme mit einem besonderen Prestige ausstattet. Sie repräsentiert dieses Objekt auch durch eine mimetische Symbolisierung, d. h. eine unmittelbare Nachahmung seiner akustischen Kontur. Damit vermittelt sie ein sehr unmittelbares Ergriffen-Sein, das wirksam die Präsenz des archaischen Objekts suggeriert (Leikert 2001). Aber auf welche Weise ermöglicht die Musik die Verarbeitung eines Verlusts?

Gehen wir zurück zu den empirischen Studien über die Reaktionen des Ungeborenen auf Musik. Schon 1977 konnte nachgewiesen werden, dass das Ungeborene auf die gleichmäßige musikalische Kontur bei Mozart oder Vivaldi anders reagiert als auf plötzliche dramatische Umschwünge bei Beethoven oder Brahms (Clements 1977). Nun ist Beethoven und Brahms sicherlich nicht das Dramatischste, was das Ungeborene zu hören bekommt. Es reicht aus, sich eine lautstarken Streit der Mutter vorzustellen, bei dem, wie man so anschaulich sagt, die Fetzen fliegen, um zu bemerken, dass die ursprüngliche auditive Existenz keineswegs durchweg paradiesisch ist. Die akustischen Beziehungsengramme beinhalten keineswegs nur eine gute Verbindung zum vitalisierenden Objekt Stimme, sie speichern auch die Erfahrung von Dissoziation oder traumatischer Abwesenheit des Objekts Stimme.

Im autistisch-berührenden Modus können diese Erfahrungen sicherlich nur gespeichert, nicht aber verarbeitet werden, und hier tritt nun die große Leistung der Musik für das menschliche Subjekt auf den Plan. Die Musik ist nicht einfach eine Wiederholung oder Auffrischung archaischer auditiver Beziehungsengramme. Sie hat ein je historisches Gepräge und bildet einen eigenen Bereich der Geistesgeschichte. Für uns entscheidend ist jedoch der Umstand, dass sie auch Emotionen auszudrücken vermag, die späteren psychischen Strukturen angehören. Hier sei vor allem die Trauer genannt, die sicherlich eine innere Strukturiertheit voraussetzt, die wir beim Ungeborenen nicht finden können.

Durch die Fähigkeit der Musik, körperlich emotionale Bewegtheit mimetisch nachzubilden, kann sie eine Brücke zwischen dem depressiven und dem autistisch-berührenden Modus der Erfahrungsbildung bilden. Musik schreibt die Möglichkeiten der depressiven Position, Mangel und Verlust zu erleben und zu verarbeiten, in eine Sprache ein, deren Vokabular bis in den frühesten Bereich unserer Existenz reicht. Sie bietet damit die Möglichkeit zur nachträglichen Belebung und Transformation frühester auditiver Beziehungsengramme. Wie ist diese Leistung zu erklären? Wie können späte und komplexe Leistungen, wie die Verarbeitung eines Objektverlusts, in einer Sprache ausgedrückt werden, die auch das Ungeborene versteht?

Offensichtlich bewirkt das gleiche Klangereignis keineswegs stets das gleiche Erleben. Aus eigener Hörerfahrung wissen wir, dass es die Möglichkeit gibt, der Musik immer wieder neu zu begegnen und in ihr immer tiefere Dimensionen aufzuschließen. Die Musik als reines klangliches Material ist offen für verschiedene Interpretationen durch den Hörer. Anders gesagt bietet die Musik die Möglichkeit, sie im Rahmen verschiedener innerer Szenarien mit Bedeutung zu füllen. Die möglichen Bedeutungen sind nicht beliebig, aber auch nicht eindeutig festgelegt. Betrachten wir z. B. eine dramatische, dissonante und lautstarke Stelle in einem Musikstück. Wir können uns vorstellen, das sie im autistisch-berührenden Modus als Beziehungskatastrophe, als Gefährdung und Verlust der guten sensorischen Kontinuität erlebt wird. Im Bereich der schizoiden inneren Welt kann die gleiche Stelle anders gehört werden. Die Dissonanz kann als invasiv erlebt werden, als ein verfolgendes Objekt, das in den jetzt konstituierten inneren Raum des Subjekts eindringt und ihn bedroht. Stehen dem Hörer jedoch die unbewussten Phantasien der depressiven Phase zur Verfügung, in der er einen Konflikt mit dem Objekt erleben und innerlich austragen kann, so kann die gleiche Stelle wieder anders erlebt werden. Die Dissonanz und Lautstärke kann jetzt als Repräsentation der eigenen Vitalität und Aggression erlebt werden, die inzwischen zugelassen werden kann und nicht projiziert werden muss. Ist dies der Fall, so kann sie als Angriff auf das innere Objekt erlebt werden und mit unbewussten Schuldgefühlen einher gehen.

Betrachten wir nun den vollständigen Formverlauf, etwa der Sonatenhauptsatzform, mit der Exposition, der dramatisierenden und oft dissonanten Durchführung und der Reprise, die, meist in überhöhter Form, auf das Material der Exposition zurückgreift, so lässt sich dies ebenfalls entsprechend der drei Modi der Erfahrungsbildung als drei

unterschiedliche Erlebensgeschichten begreifen. Im autistisch-berührenden Modus würde in der Exposition eine gute sensorische Kontinuität
erlebt, die in der Durchführung gefährdet oder sogar zerstört wird und
dann in der Reprise wieder auftaucht. Wir können uns die innere
Ordnung des Erlebens wohl als eine pure Sukzession vorstellen. Etwas
wird geliebt, verloren, taucht wieder auf, ohne dass eine Logik darin
erfahrbar wird oder sich das erlebende Subjekt mit einer aktiven Beteiligung hineinphantasiert.

Im schizoiden Modus könnte man sich die Exposition als eine Festung
vorstellen, die in der Durchführung von Verfolgern bedrängt und beschädigt wird, in der Reprise aber, gestählt durch Kampf und Sieg, triumphal
die Zerstörung überlebt hat. Im depressiven Modus kann die Dissonanz als
Ausdruck eigener Aggressivität oder – je nach musikalischem Detail – als
Schmerz über den Verlust erfahren werden. Das Wiederfinden des Themas
in der Reprise kann jetzt als Beglaubigung dessen erlebt werden, dass das
Objekt den Konflikt überlebt und die Beziehung über die Krise hinweg als
tragende Bestand hat. Das Subjekt erlebt jetzt kein Ausgeliefertsein mehr,
sondern, insbesondere auch dann, wenn das Stück bekannt ist und in inner-
lichen Vorwegnahmen mitgestaltet werden kann, eine aktive Teilnahme.
Auf dieser Ebene kann Musik nun zum Symbol eines Verarbeitungspro-
zesses werden, der Integration und Wiedergutmachung umfasst und damit
psychisches Wachstum ermöglichen und fördern kann.

Historisch fällt die Konjunktur der Sonatenhauptsatzform mit der
Geburt der modernen Subjektivität zusammen, mit einer Zeit also, in der
Konflikte mit den Objekten der Autorität und Liebe offen erlebt und
ausgetragen wurden. Die Sonate gibt dem Prozess von Exposition,
Konflikt und Verarbeitung eine prototypische Form, aber auch in der
vormodernen Zeit diente die Musik der Verarbeitung von Konflikten.

## Schlussbemerkung

Abschließend sollen die christlichen Formeln, von denen wir ausgegan-
gen waren, noch einmal gelesen werden. Die von Bach verwendeten
Metaphern von Geburt, Tod und Auferstehung zeichnen einen Weg der
Transzendenz, den wir psychoanalytisch als einen Strukturaufbau verstehen können. Die Transzendenz lässt sich interpretieren als Umschreiben
von Beziehungsengrammen, als die Transformation von der realen

Präsenz des Objekts in die Leben spendende psychische Repräsentanz eines guten inneren Objekts.

»Ex Deo nascimur«: Wir kommen ins Sein und erleben zunächst eine ungebrochene Verbundenheit mit dem guten Objekt, das sich durch seine Stimme zu erkennen gibt. »In Christo morimur«: Der Verlust dieses Objekts bedroht uns in unserer eigenen Existenz; wir fürchten, mit dem Objekt zu sterben oder unsere Lebensfreude zu verlieren. »Per Spiritum Sanctum reviviscimus«: Durch das musikalische Symbol wird eine Verwandlung und ein Neubeginn möglich. Die Musik erlaubt uns, an die Erfahrung der primären Lebendigkeit anzuknüpfen und diese auf der Ebene des inneren Objekts wieder zu finden.

Wir können nun eine Idee davon entwickeln, wie Musik wirkt. Sie zieht in einen körpernahen intensiven Erlebensprozess hinein, dessen Bühne durch die Partitur vorgegeben ist. Die Art, wie wir diesen Klangraum bewohnen, mit welchen unbewussten Phantasien wir uns auf dieser Bühne inszenieren, ist jedoch offen und entwicklungsfähig. Entscheidend für die Tiefe der Musikerfahrung ist dabei die Fähigkeit der Musik, eine Kontinuität zwischen den archaischsten Formen des Erlebens, den auditiven Beziehungsengrammen und den späteren Möglichkeiten, Erfahrung zu verarbeiten, herzustellen. Die vorsymbolischen Erfahrungsmuster der autistisch-berührenden Position werden in einen Prozess der Transformation gebracht und nachträglich – zumindest der Möglichkeit nach – im Rahmen der depressiven Position verarbeitet.

In der Musik finden wir unsere erste Geliebte, die Stimme, wieder. Aber wir lieben sie nicht mit der primitiven, abhängigen und eigensüchtigen Liebe der ersten Tage, sondern mit der ganzen Empfindungs- und Verarbeitungsfähigkeit, die wir haben entwickeln können. Durch die seelische Reife, mit welcher der Komponist im Werk seine Konflikte verarbeitet, stellt er uns ein musikalisches Drama zur Verfügung, in dem wir die Begegnung mit dem archaischen, aber auch mit dem reifen inneren Objekt ausgestalten können. Im Hören zweifeln wir nicht daran, dass die Stimme der Musik zu uns spricht. Die Musik erlaubt uns, diese Geliebte zu begehren und unsere Angst von dem Verlust, unsere Konflikte und Verletztheit in eine gute Form zu integrieren, in eine Form, die uns der Liebe und der Unzerstörbarkeit des Objekts versichert.

## Literatur

Anzieu, Didier (1992): Das Haut-Ich. Frankfurt/M.: Suhrkamp.

Bion, Wilfred (1959): Differentiation of the psychotic from the non-psychchotic personalities. In: International Journal of Psychoanalysis, 38, S. 266–275.

Birnholz, J. C. / Benacerraf, B. B. (1983): The development of the human fetal hearing. In: Science, 222, S. 516–518.

Clements, M. (1977): Observations on certain aspects of neonatal behavior in response to auditory stimuli. Paper presented to the 5th Internat. Congress of Psychosomatic Obstetrics and Gynecology, Rome.

Freud, Sigmund (1923b): Das Ich und das Es. GW Bd. XIII, S. 237–289. Frankfurt/M.: S. Fischer.

Hepper, P. D. (1992): Hearing in the Fetus: Prenatal Detection of Deafness. In: International Journal of Prenatal and Perinatal Studies, 4, S. 235–240.

Hepper, P. D. (1991): An examination of fetal learning before and after birth. In: The Irish Journal of Psychology, 12, S. 95–107.

Hinshelwood, Ronald D. (1993): Wörterbuch der kleinianischen Psychoanalyse. Stuttgart: Verlag Internationale Psychoanalyse.

Klein, Melanie (1929): Frühe Angstsituationen im Spiegel künstlerischer Darstellungen. In: Dies.: Frühstadien des Ödipuskomplexes. Stuttgart: Klett-Cotta, 1985.

Klein, Melanie (1960): Die Bedeutung der Symbolbildung für die Ich-Entwicklung. In: Dies.: Das Seelenleben des Kleinkindes. Stuttgart: Klett-Cotta, 1991.

Klein, Melanie (1962): Bemerkungen über einige schizoide Mechanismen. In: Dies.: Das Seelenleben des Kleinkindes. Stuttgart: Klett-Cotta, 1991.

Leikert, Sebastian (2001): Der Orpheusmythos und die Symbolisierung des primären Verlusts – Genetische und linguistische Aspekte der Musikerfahrung. In: Psyche, 55, S. 1287–1306.

Leikert, Sebastian (2002a): Diskurs der Musik und Einschreibung des Vaternamens im Wohltemperierten Klavier von J. S. Bach. In: Oberhoff, B. (Hg.): Psychoanalyse und Musik. Eine Bestandsaufnahme. Gießen: Psychosozial-Verlag, S. 363–388.

Leikert, Sebastian (2002b): Hoffentlich ist es Beton. Die Rolle der Musik in der Persönlichkeits- und Abwehrorganisation eines früh gestörten Patienten. In: Oberhoff, B. (Hg.): Das Unbewusste in der Musik. Gießen: Psychosozial-Verlag, S. 59–74.

Leikert, Sebastian (2003): Stimme, Abwehr und Selbstkonstitution – Ein Werkstattbericht. (In diesem Band.)

Meltzer, Donald (1995): Traumleben: eine Überprüfung der psychoanalytischen Theorie und Technik. Verlag Internationale Psychoanalyse: Stuttgart.

Oberhoff, Bernd (1999): Christoph Glucks prä-ödipale Welt. Eine musikalisch-psychoanalytische Studie. Münster: Daedalus-Verlag.

Ogden, Thomas, H. (1995): Frühe Formen des Erlebens. Wien: Springer-Verlag.

Sallenbach, W. B. (1994): Claira: A case study in prenatal learning. In: Journal of Pre-and perinatal Psychology and Health, 12(3–4), S. 175–196.

Spelt, David K. (1948): The conditioning of the human fetus in utero. In: Journal of Experimental Psychology, 38, S. 338–347.

Thoene, Helga (1994): Chiacconna – Tanz oder Tombeau. In: Cöthener Bach-Hefte 7.

# Stimme, Abwehr und Selbstkonstitution – Ein Werkstattbericht

*Sebastian Leikert*

## 1. Einleitung

Die Musik als Feld der psychoanalytischen Forschung kann in verschiedene Richtungen beschritten werden. Neben der Erforschung einzelner Werke zieht der klinische Aspekt die Aufmerksamkeit auf sich. Musik ist bedeutsam für das Subjekt. Wie kann man diese Funktion beschreiben und verstehen? Welche Rolle kann ihre Ausübung in der Persönlichkeitsorganisation übernehmen, zur Abwehr welcher Ängste, zur Sublimierung welcher Strebungen eignet sie sich? Seit den Pionierarbeiten von Racker wird dieser Aspekt immer wieder vertieft (Racker 1951).

Ein zweiter Aspekt betrifft die klinische Situation selbst. Die Musik gründet in der Beziehung zum Objekt Stimme. Die Stimme ist aber nicht nur in der Musik präsent, sondern strukturiert auch die psychoanalytische Situation. Mit den Fragestellungen und Konzepten, die sich aus der Beschäftigung mit der Musik ergeben, lässt sich auch die Beziehung zur Stimme näher bestimmen. Die Stimme ist das Gravitationszentrum der Musik, aber auch ein zentraler Vektor der Übertragung (Ruhs 1999; Leikert 2002). Auch in Nohrs Konzeption zur Stimmenimago finden wir diese Kontinuität zwischen der Stimme in Musik und Sprache (Nohr 2003, in diesem Band).

Hier soll nun ein Werkstattbericht vorgestellt werden, der sich, eher beschreibend als ordnend, auf diese Fragen zubewegt. Es ist der Versuch, eine komplexe Fallvorstellung und -diskussion nachträglich zu systematisieren, um einen Eindruck des Perspektivenreichtums zu vermitteln, der sich in der Beschäftigung mit den Tiefendimensionen der Musik eröffnet. Das Eigenrecht der Phänomene soll nur wenig zugunsten der theoretischen Übersicht beschnitten werden, da neue Konzeptbildungen – auch für den Leser – zunächst einmal eine geduldige Befragung der beschreibbaren Oberfläche erfordern. Ausgangspunkt des Textes ist der Fallbericht einer Psychoanalytikerin, die aus Gründen der Wahrung der Anonymität des vorgestellten Patienten ungenannt bleiben möchte.

## Kasuistik

### Erstkontakt und Symptomatik

Herr T. kam zusammen mit seinem Partner ins Erstgespräch. Bei einer Schilderung der Konflikte des Paares eskalierte der Streit zwischen den beiden schnell, und der Partner verließ impulsiv das Behandlungszimmer. Zerknirscht blieb der Patient zurück und schuldigte sich an, das sei immer so. Nun sprudelte er los: Er fühle sich psychisch sehr krank. Vor 18 Jahren habe er einen Suizidversuch unternommen, sei dann in ein psychiatrisches Krankenhaus gekommen. Es hieß, er leide unter paranoider Psychose. In der gegenwärtigen Beziehung könne er keine Nähe aushalten, sei sexsüchtig, könne nicht alleine sein. Er funktioniere zwar, gehe seiner Arbeit nach, versorge den Haushalt, fühle sich aber eingesperrt. Er leide zunehmend an unvermittelt auftretenden Ängsten, »wie ein wildes Tier, das in die Enge getrieben wird«. Innerlich fühle er sich leer, niedergeschlagen, lustlos, verspüre derzeit nicht einmal mehr sexuelles Verlangen. Wenn er an Trennung denke, komme »diese unheimliche Verlustangst«, eine wahnsinnige Angst, nicht alleine leben zu können: »Es ist wie sterben«. Das sei ein genauso schlimmes Gefühl wie damals im psychiatrischen Krankenhaus, als die Ärzte den Eltern mitteilten, dass er schwul sei.

Herr T. wirkt gepflegt und trägt geschmackvolle, aber nicht unbedingt kostspielige Kleidung. Er hat ein attraktives, männlich markantes Gesicht und wirkt körperlich fit. Gleichzeitig fällt etwas Unstetes in seinem Habitus auf. Er beobachtet mich sehr genau, passt sich ganz an, hält mich durch sein schnelles und pausenloses Sprechen aber auf Abstand. Dies gibt ihm gleichzeitig die Möglichkeit, seine Stimme zu exponieren.

Bei der Sprechstimme des Patienten handelt es sich um eine kernige, kräftige Bassbaritonstimme mit warm-metallischem Glanz. Er führt sie sehr variabel, spricht manchmal volltönend, dann wiederum zurückhaltend, über längere Zeit mit hörbarem Schleimfaden, den er ganz plötzlich durch kraftvolles Räuspern entsorgt, so dass die Stimme wieder zu ihrem gesunden Glanz findet. Mitunter scheint die Stimme gequält und eng, was auch mich als Gegenüber mitleiden lässt. Dennoch wirkt die Gesundheit der Stimme nie gefährdet. Der Patient verfügt über einen großen Tonumfang, kann sehr hoch sprechen, aber auch sehr tief. Dabei geht das dunkle, warme Timbre nie verloren, selbst wenn er richtig schallend lacht. Seine

Stimme wirkt sehr ausdrucksstark und ausgesprochen viril, hat etwas Haltgebendes. Sie lädt mich dazu ein, mich durch ihre Erotik verführen zu lassen und nur auf ihren Klang zu hören.

## Zur Vorgeschichte

Der 44jährige Patient wuchs mit seinen beiden Schwestern – eine jünger, die andere älter als er – bei den Eltern auf. Er kam bereits mit sieben Monaten auf die Welt, nachdem die Geburt durch einen unglücklichen Sturz der Mutter ausgelöst wurde. Die Mutter sei dabei beinahe gestorben, er selbst lag mehrere Monate im Brutkasten, wo ihn der Vater besuchte.

Sein Vater betrieb als selbstständiger Bäcker zusammen mit der Mutter im Vorort einer größeren Stadt eine eigene Bäckerei. Bereits als Sechsjähriger habe er Brötchen austragen und von da an immer in der Bäckerei unter der strengen Beaufsichtigung des Vaters mitarbeiten müssen. Der Vater sei sehr cholerisch gewesen, habe oft Ohrfeigen ausgeteilt, sei dennoch eher »ein schwacher Mensch«. Er war in vielen Dingen auf die Anwesenheit der Mutter angewiesen. Wenn der Patient als Kind unartig war, musste er mitunter stundenlang mitten in der Backstube unter der strengen Beobachtung des Vaters vor allen Gesellen auf einem Hocker still sitzen. Oft hat ihn der Vater vorher geprügelt.

Später hat er sich aufs Klo geflüchtet, »der einzig abschließbare Raum im Haus«, wo er oft Stunden verbrachte. Der Vater war Alkoholiker, »aber so, dass es nach außen keiner mitbekam«, sei unter Alkohol gewalttätig geworden, habe die Mutter »Nacht für Nacht vergewaltigt«, sie auch oft nachts gewürgt – aber vorher stets die Fenster zugemacht. Der Patient stellte sich öfter dazwischen, habe dann selber die Schläge abbekommen, während die Schwestern das Weite suchten. Dennoch sei der Vater auch ein sehr herzlicher Mensch gewesen, habe ihn auch umarmt. Als kleiner Junge habe er ihn regelrecht angebetet und mehr geliebt als die Mutter: »Er war ein Gott für mich«. Mit zirka zehn Jahren setzte dann eine Entzauberung ein.

Der Vater – geprägt durch die Hitlerjugend – habe Homosexuelle gehasst, »die gehören vergast«, habe er immer wieder gesagt. Nach dem Auszug des Patienten gab der Vater die Bäckerei an einen Pächter, war körperlich am Ende, die Mutter jedoch stand weiter im Laden. In den letzten Jahren pendelte der Vater mit der Flasche zwischen Wohn- und Schlafzimmer und starb schließlich an Krebs. Nachmittags um 14 Uhr sei er gestorben, um 15 Uhr habe die Mutter wieder am Tresen der Bäckerei gestanden.

Die Mutter sei eigentlich wie eine Schauspielerin gewesen, nach außen zwar herzlich, stets darauf bedacht, dass die Kundschaft zufrieden war, andererseits aber abweisend, kühl, sie habe keine Nähe ertragen und die Kinder nie in den Arm genommen. Die Mutter habe ihn nicht leiden können und die ältere Schwester vorgezogen.

Von der Mutter fühlte sich Herr T. ständig beobachtet. Sie öffnete jeden Brief von ihm, trat ohne anzuklopfen in sein Zimmer und hat auch oft seine Sachen durchwühlt. Die Mutter trank wohl einige Jahre, bis sie überraschend in die Psychiatrie eingewiesen wurde, weil sie Stimmen hörte. »Schizophrenie« habe auf der Einweisung gestanden, nach Behandlung auf der Intensivstation und anschließender Kur war sie freier, anders, trank auch nicht mehr und wurde aktiv bei den Landfrauen, im Gesangsverein und spielte auf der Laienbühne Theater. Später baute sie die Kinderzimmer zu einem Salon mit Kachelofen um. Dort schlief sie auf der Couch, hatte ihren Plattenspieler und lernte die Rollen für das Laientheater. Die Mutter starb ebenfalls an Krebs, war vorher über eine lange Zeit krank. In dieser Zeit habe er die Mutter oft besucht und hatte sie zum ersten Mal für sich. Sie habe seine Homosexualität zumindest in den letzten Jahren akzeptiert. Sie fehle ihm heute sehr.

*Sexualität und Beziehungen*

Mit seiner ersten Erektion sei ihm klar gewesen, dass er sich ausschließlich zu Männern hingezogen fühlte. Er habe dies verurteilt: Noch als 15jähriger habe auch er – wie der Vater – Homosexuelle gehasst. Er war schon als Kind »mopsig« gewesen, legte dann mit 12 Jahren verstärkt an Gewicht zu, habe sich dafür furchtbar geschämt (mit 17 Jahren 115 kg), so dass er soziale Kontakte immer mehr mied. Ursprünglich ein guter Schüler, packte er die Hauptschule nur mit Mühe, da er sich nicht mehr getraut habe, sich zu zeigen. Der Gang zur Berufsschule sei für ihn dann noch schlimmer gewesen. Man habe erwartet, dass er als einziger Sohn Bäcker lernen solle, der Beruf machte ihm allerdings nie Spaß. Nach Abschluss der Lehre, die er beim Vater absolvierte, war sein Leben eingesperrt zwischen der Bäckerei und seinem direkt darüber gelegenen Zimmer, ansonsten habe er sich wegen seines »hässlichen Körpers« nicht mehr auf die Straße getraut, sich »in die Musik und die Bücher verkrochen«, habe keinerlei Freunde gehabt. Schlimm war auch die Musterung für ihn – da bekam er von einem bekannten Arzt seines Vaters ein Attest mit. Später hat er es gelesen: Die Diagnose lautete: Schwachsinn.

Die folgenden Jahre waren eine ganz schlimme Zeit, da er ständig an »diesen unsäglichen, undefinierbaren Ängsten« gelitten habe, man könne ihn durchblicken, ihm ansehen, was in ihm vorgehe. Mit 24 Jahren habe er gedacht, entweder ich höre auf zu leben oder ich gehe da raus. Über seinen Onkel habe er zusätzlich zu seiner Bäckerarbeit einen Job als Packer in der Milchzentrale gefunden, habe – da die Scham unerträglich war – in dieser Zeit innerhalb von 6 Monaten 50 kg abgenommen. Dennoch habe er weiterhin an den o. g. Ängsten gelitten, so dass er erneut an Suizid dachte. Dabei spielte die Phantasie, sich im väterlichen Auto mit einem Gummi-schlauch zum Auspuff zu vergiften, eine zentrale Rolle. In solch einer verzweifelten Situation habe er sich von sich aus an die psychiatrische Klinik am Wohnort gewandt. Die Ärzte hätten damals seine Eltern einbe-stellt und ihnen mitgeteilt, dass er schwul sei. Er habe befürchtet, deshalb verstoßen zu werden – »es war ein ganz schlimmes Gefühl, wie sterben«.

Dort lebte er insgesamt sechs Monate stationär, anschließend noch ein Jahr in der Tagesklinik und einer Wohngemeinschaft und zog dann in eine kleine Wohnung ganz in der Nähe der Eltern. Erst mit 26 Jahren hatte er seine ersten sexuellen Kontakte. Er lernte seinen ersten Freund kennen, mit dem er zehn Jahre lang bis Ende 1995 zusammenwohnte. Dieser hatte als »sehr sozialer Mensch« viele Kontakte, wovon auch er sehr profitiert habe. Die Beziehung sei relativ locker gewesen, seine »beste Zeit«: »Treue war nicht das Thema«. Nach der Trennung lernte er seinen aktuellen Part-ner kennen, »es war wie ein gegenseitiges Erkennen«, und wohnt mit diesem seit 1996 zusammen. Der Partner ist 50 Jahre alt, er habe erst mit 44 Jahren zur Homosexualität gefunden. »Ich habe noch nie einen Menschen getroffen, der so viel kann. Er ist mir immer überlegen.« Der Partner sei früher Bankangestellter gewesen, nun schon lange wegen einer Erkrankung arbeitsunfähig, habe beträchtliche Schulden aus gescheiter-ten Projekten, in die auch das gesamte Erbe des Patienten miteingeflos-sen sei. Das Finanzielle habe er immer dem Partner überlassen. Er selbst ist seit 13 Jahren als Tierpfleger im Tierheim tätig. Er mag seinen Beruf recht gern. Er sei dort nicht sonderlich geschätzt, dennoch traue er sich als Einziger zu, auch in aggressiven Situationen allein in den Hundez-winger zu gehen und die aufgeregten Tiere in Zaum zu halten.

## Das Singen

Mit dem Stimmbruch begann der Patient, seine Stimme zu schulen. Er habe sich in der schlimmen Zeit zu Hause ins Singen gerettet. Das habe ihn gehalten. Er habe auch viel gelesen, wobei er alles verschlang, was ihm in die Hände kam, er habe da richtig in sich versinken und alles um sich herum vergessen können. Die ganze Familie väterlicherseits sang. Auch der Vater konnte gut singen, war Tenor und beherrschte das hohe C. Aber auch auf mütterlicher Seite wurde gesungen. Der Patient sang oft in der Backstube, der Vater schenkte dem jedoch keine Beachtung. Die Mutter hingegen war sehr interessiert, legte später einen Ordner mit Zeitungsausschnitten über seine Auftritte an. Die einzige Reaktion des Vaters auf seine Stimme stammt aus der Woche vor dessen Tod: Herr T. besuchte die Eltern, die Mutter forderte ihn in der Küche auf, sein neues Lied vorzusingen, der todkranke Vater im Nebenzimmer schluchzte dabei auf. Der Patient meint, weil der Vater spürte, dass es zu Ende geht. Eine Verbindung zu seinem Gesang stellte er nicht her.

Der Patient hatte offensichtlich auch finanziell lukrative Angebote, das Singen professionell zu betreiben, schreckte aber davor zurück, seine Tätigkeit im Tierheim aufzugeben. Er habe sich nie sonderlich bemüht, Noten zu lernen. Er selber beschreibt seine Stimme als ausgesprochen stark, in den Zeitungen habe man von einer »mächtigen Röhre« geschrieben, er könne zum Beispiel in Häuserschluchten auch ohne Mikrofon singen. Früher sang er wie Joe Cocker, fand das dann aber zu anstrengend und entwickelte seinen persönlichen Stil. Er habe eine Liederstimme mit großem Tonumfang. »Ich singe seit 30 Jahren, jeden Tag zwei bis drei Stunden. Zum Beispiel singe ich immer im Hundehaus. Wenn man so lange singt, dann weiß man, wie es geht. Das Singen, das befreit mich. Das Singen, das ist was Gutes, ich werde dann irgendwie was los, danach geht es mir besser«. – (Th.): »Da können Sie sich auch zeigen?« – »Nein eigentlich nicht. In den Proben fühle ich mich wohl. Aber nicht, wenn wir auftreten. Ich singe dann in mein Mikrofon, aber ich nehme keinen Kontakt zum Publikum auf, ich will es nicht sehen. Ich singe meine Lieder und schaue nach oben. Das wurde auch schon moniert.«

Zu Beginn der Behandlung war das Singen kaum Thema. Im weiteren Verlauf wurde deutlich, dass das Singen für den Patienten etwas sehr Wichtiges ist. So sang er immer wieder bei neuen Bands vor, ausschließlich »Hetero«-Bands. Dabei beschäftigte ihn ständig die Frage, ob er zu den Musikern passe. Er träumt davon, endlich die Band zu finden, in der er das singen kann, was er eigentlich singen möchte: Jazz. Hingegen singt er aktuell in den Bands Rock, Pop, neue deutsche Welle – die ihm sehr missfällt – Country-Rock, ab und zu auch Blues, was ihm eher liegt. Beim Vorsingen hat er offensichtlich keine Probleme, ist aber im Nachhinein sehr oft mit Schamthemen beschäftigt und sagt oft trotz positivem Interesse ab.

## Die therapeutische Situation

Der Patient kommt mit zweistündiger Wochenfrequenz, die Behandlung findet im Sitzen statt. Er kontrolliert mich das ganze Gespräch über. Er spricht sehr viel, wiederholt dabei oft das Erzählte wie eine Leier, aus der ein Ausstieg fast unmöglich scheint. Es ist wie bei einem fest umschriebenen Thema, das mit nur minimalen Veränderungen ständig wiederholt wird. Also eine Art *minimal music*, jedoch mit dramatischem Inhalt. Inhaltlich geht es um die erdrückende Enge mit dem Partner, aus der er sich nicht zu befreien können glaubt. Ein weiteres Motiv ist die Klage über seine soziale Randexistenz als »Psychosekranker«, Homosexueller und Mensch ohne soziales Netz. Weniger als der Inhalt ist jedoch die Atmosphäre der Gespräche druckvoll und enorm angespannt. Ich verstehe die Schilderung über die zu enge Beziehung zum Partner als Übertragungs-Anspielung, d. h. als Bezug auf die Schwierigkeit, die Nähe der therapeutischen Situation zu ertragen. Versuche, diese Parallelen zu deuten, schlugen bisher vollkommen fehl.

Mir geht es oft so, dass ich, von den Wiederholungen ermüdet, vor allem aber von der untergründigen Angst und Spannung gelähmt, beobachte, wie ich nur noch auf die Stimme höre und mich gleichsam in diese akustische Welt flüchte, die ich als Halt gebend erlebe. Eine gewisse Veränderung der therapeutischen Beziehung hat sich insofern ergeben, als Herr T. mittlerweile eine größere Vielfalt von Themen anspricht, wobei mir vor allem wichtig erscheint, dass er nicht mehr glaubt, mich mit den Schilderungen der katastrophalen Seiten seiner Existenz erschrecken und beeindrucken zu müssen, sondern zunehmend zu einer Freiheit findet, gelegentlich von Erfolgen oder positiven Gedanken zu berichten. Ich sehe hierin ein wachsendes Vertrauen seinerseits, in der therapeutischen Situation auch etwas vom kreativen und lebendigen Selbst zeigen zu dürfen, ohne sofort angegriffen zu werden.

## 2. Zur Interpretation der Fallgeschichte

Die folgenden Überlegungen beziehen sich überwiegend auf die Perspektiven, die in den zwei klinischen Workshops während des »2. Coesfelder Symposiums Musik & Psyche« erarbeitet wurden. Dabei wurde die psychoanalytische Behandlung, etwa im Umfang der hier wiedergegebenen Beschreibung, vorgestellt und in einer Gruppe von jeweils etwa zwölf Personen diskutiert. Die Teilnehmer waren teils Psychoanalytiker, teils in anderen psychosozialen oder in künstlerischen Feldern tätig. Die Gruppendiskussion diente nicht einer Validierung vorab formulierter Hypothesen, sondern hatte die Funktion, das gemeinsame Nachdenken über verschiedene Perspektiven der Bedeutung von Musik an einem speziellen Fall anzuregen.

### Gewalterfahrung
Zunächst fallen Themen von Gewalt und Bedrohung auf, welche die Biographie bestimmen. Da ist die Gewalt des Vaters gegenüber der Mutter, seine Härte in der Erziehung des Sohnes, letztlich die Gewalt als ein Nicht-Zulassen der eigenständigen Entwicklung.

Vieles von diesen Gewaltthemen scheint sich in der Gewaltandrohung des Vaters gegenüber der noch nicht geäußerten sexuellen Orientierung des Sohnes wiederzufinden (»Homos vergasen«). Wie weitgehend diese Vernichtungsdrohung unbewusst übernommen wurde, zeigt der Suizidversuch, bei dem Herr T. tatsächlich versuchte, sich zu vergasen. Prekär an dieser Konstellation scheint vor allem die Tatsache, dass Herr T. in seinem Vater, eher als in seiner kühlen und erst viel später als zugänglich erlebten Mutter, die Stütze seines Seins suchte.

Die Vorgeschichte dieser Beziehungen, die Zeit im Brutkasten, muss ebenfalls im Sinne einer Gewalterfahrung verstanden werden. Das Herausgerissen-Werden aus dem Schutz des mütterlichen Körpers und das Geworfen-Sein in den kachelglatten Brutkasten der damaligen Perinatalmedizin konnte sicherlich in keiner Weise als förderliche und Leben erhaltende Maßnahme, sondern musste, nach allem was wir aus Säuglingsbeobachtungen wissen, als Katastrophe erlebt werden. Man kann spekulieren, ob das heutige Singen in den rückhallenden Häuserschluchten eine nachträgliche und reinigende Wiederholung des einsamen Schreiens im ersten, unwirtlichen Gehäuse ist.

Der Gewalterfahrung korrespondieren die enormen Spannungen und insistierenden, verfolgenden Ängste. Die Diagnose eines Verdachts auf Psychose, die nach dem Suizidversuch in der Psychiatrie gestellt wurde, muss ernst genommen werden, da – zumindest zu diesem Zeitpunkt – kaum innere Strukturen angenommen werden können, die der enormen Selbstverurteilung integrierende Momente entgegensetzen konnten.

### Die Isolation auf dem Hocker

Die Diskussion kam immer wieder auf die Szene zurück, bei der Herr T. vom Vater bestraft wurde, indem er, zum Schweigen verurteilt, über Stunden auf einem Hocker in der Backstube sitzen musste. Was mag in dieser Zeit in ihm vorgegangen sein? Drei sich ergänzende Gesichtspunkte kamen zur Sprache. Zunächst wurde eine ungeheure Wut gegen den Vater vermutet, der ihn zu einer für ein Kind so grausamen und beschämenden Strafe verurteilte. Alle ausdruckshaft spontane Körperlichkeit unterdrückend, den spöttischen oder mitleidigen Blicken der Gesellen ausgesetzt, der Stimme und des Gesprächs beraubt, war der junge Herr T. seiner Wut und seiner Scham überlassen.

Ein anderer Gesichtspunkt war der eines *inneren Singens*. Wir vermuteten, dass sich das Kind – wie im Brutkasten erneut einer feindseligen Umgebung hilflos ausgesetzt –, selbst innerlich zu strukturieren versuchte. Was konnte es tun, um sich zu beruhigen? Wie konnte es die Gefühle von Wut und Scham verarbeiten und zu einem Zustand finden, der ihm diese Situation erträglich machte? Es kam die Vermutung auf, Herr T. hätte damals das Singen für sich entdeckt und sich dadurch die Möglichkeit geschaffen, durch ein Summen oder nur ein Sich-Vorstellen von ihm bekannten Liedern, eine Selbstberuhigung zu erreichen. Wäre ihm dies möglich gewesen, so hätte er sich selbst gleichsam eingewiegt, indem er sich einem Rhythmus und einer Abfolge anvertraute, die die Zeit gestaltete und es ihm erlaubte, in sich selbst ein gutes Objekt aufzubauen, das ihn beruhigte. Die vorgestellte Stimme kann dem Erleben einen inneren Halt geben und es gleichsam in einem Innenraum zentrieren. Damit setzt das Kind den beschämenden Blicken eine beruhigende innere Instanz entgegen. Auch die Gefühle der Wut lassen sich nicht etwa durch Rachephantasien beruhigen, da auf der unbewussten Bühne jeder Angriff einen Gegenangriff befürchten lässt. Die Überschaubarkeit und die libidinöse Besetzung eines vorgestellten Liedes dagegen kann eine beruhigende innere Ordnung für das Erleben bereitstellen, das, an Stelle einer singende Mutter, die Wut zu beruhigen in der Lage ist.

Schließlich wurde die enorme Isolation deutlich, die Herr T. als Kind in dieser sicherlich prototypischen Situation erlebt haben muss. Nicht in einer Interaktion, nicht in einem erkennbaren Ausdrucksverhalten konnte er seine Spannungen beruhigen, sondern er musste in einer fast autistischen Welt sich mit sich beschäftigen, auseinandersetzen und sich selbst beruhigen. Die vorgestellte Stimme wird zum inneren Objekt, das für Herr T. ein Gegenüber darstellt, das dem Erleben eine Art Spiegel vorhält und sich gleichzeitig selbst kontrollieren lässt. Dieser Spiegel ist jedoch leider nicht in der Außenwelt aufgestellt, so dass die Innenwelt abgeschirmt und isoliert verbleibt.

### Die Körperlichkeit

Wie in mehreren konzentrischen Ringen lassen sich Momente von Isolation in der Biographie von Herrn T. erkennen: In der Hocker-Szene ist Herr T. von der Kommunikation mit den ihn umgebenden Menschen abgeschnitten. Zur ersten Barriere der Sprachlosigkeit kommt noch die Bewegungslosigkeit, zu der das Kind verurteilt ist. Auch dies scheint prototypisch für die Situation des Kindes gewesen zu sein. Das Übergewicht, das Herr T. entwickelte, zeugt von der Bewegungslosigkeit, nicht nur im Sinne einer medizinischen Fehlentwicklung. Das Übergewicht zeigt auch einen Körper, der eher als Schutzwall denn als Kontaktmöglichkeit oder Medium des Ausdrucks verwendbar ist. Wie ein zweiter Ring legt sich das Fett um den Körper.

Das Übergewicht ist ein Signal an die soziale Umgebung. Die Hänseleien und Entwertungen der Kameraden reproduzieren die entwertenden Stimmen der Eltern und zementieren den Selbsthass, der sich als Grundhaltung zu verfestigen beginnt. Zugleich mit der negativ konnotierten Körperlichkeit reproduziert dies die soziale Isolation von Herrn T. Er setzt damit eine Familientradition fort – auch die Eltern hatten kaum Kontakt oder einen Freundeskreis –, die eine dem Alter entsprechende Entwicklung beeinträchtigte.

Die psychosexuelle Orientierung, die Herrn T. bereits in der Pubertät deutlich zu werden begann, tat ihr übriges, die sozialen Schwierigkeiten zu vergrößern. Herr T. fühlte sich nicht zugehörig zu der Welt, deren lautstark propagierte Norm die der Heterosexualität ist. Die Gründe für seine Objektwahl soll in diesem Zusammenhang nicht diskutiert werden. Die Beziehung zum Objekt Stimme entsteht genetisch vor der Ausbildung der sexuellen Identität, und die Prozesse der Selbstkonstitution bzw. der Abwehrorganisation, um die es hier geht, sind relativ unabhängig von dieser Orientierung. In unserem Zusammenhang interessiert lediglich die Frage, welche Rolle die Stimme in einer Entwicklung spielt, die durch mehrere Momente belastet war.

Die Entwicklung ist zunächst durch eine scheinbare Stagnation gekennzeichnet. Sie zeigt sich ausschließlich negativ in einem Anwachsen der inneren Spannung. Die Diskrepanz zwischen der gewünschten und der faktischen Situation scheint immer unüberbrückbarer. Statt eines psychischen Wachstums treibt das innere Gleichgewicht auf eine Katastrophe zu.

### Die Rolle der Stimme bei der Konstitution des Selbst

Die Loslösung vom destruktiven Elternhaus begann mit dem Singen. Herr T. begann, sich stärker mit dem Singen zu beschäftigen. Er begann, nicht nur regelmäßiger zu singen, sondern sich auch systematisch autodidaktisch auszubilden. Stimmvolumen, Stimmbildung und Stimmtraining wurden zu autonomen Zielsetzungen für den Jugendlichen.

Das Singen scheint in zweifacher Hinsicht die Entwicklung des Heranwachsenden gefördert zu haben. Zunächst vermittelte es ihm Selbstbewusstsein, etwas zu können und eine besondere Begabung zu besitzen. Über die Lieder begann Herr T., sich mit Themen zu beschäftigen, die über den Horizont der Familie hinausgingen. Dies betraf nicht so sehr den Inhalt der Lieder als die Vielfalt der musikalischen Genres und Ausdruckswelten, deren Kenntnis Herrn T. allmählich ein Fachwissen zuwachsen ließ, dass ihn mit anderen Musikern verband. Die um das Singen sich zentrierenden Prozesse der Entwicklung einer Selbststruktur bieten Anlass zu einer weiter reichenden Überlegung.

In der Philosophie finden sich Konzepte zur Rolle der Stimme beim Aufbau der Selbststruktur. Dolar hat diese Argumentationstradition zum Objekt Stimme zusammengestellt und vom Standpunkt der Musik aus kritisiert (Dolar 2002). Auch wenn hier kritische Überlegungen angestellt werden, bleibt die Grunderkenntnis von Derrida, nämlich der Akt einer unmittelbaren Selbstvergewisserung im Sprechen, von fundamentaler Bedeutung.

Jacques Derrida analysiert die Stimme als ein zentrales Prinzip der Konstitution des Selbst. Sprechen und Sich-Selbst-Hören – in der Gleichzeitigkeit dieser Vorgänge liegt ein Akt der Selbstvergewisserung, den Derrida als Basis für die eigensinnige Stabilität des Erlebens und den irreführenden Wahrheitsanspruch des je Ausgesagten verantwortlich macht (Derrida, zit. n. Dolar 2002). Die Vieldeutigkeit möglicher Interpretationen wird auf das Unisono der einzigen verlautbarten Botschaft reduziert. Der Philosoph sieht in dieser Vereinheitlichung die Basis für die Selbsttäuschung. Die tautologische Selbstbestätigung von Sprechen und Sich-Hören führt zur Illusion einer Einheitlichkeit des Bewusstseins. Sehen wir von der negativen Bewertung dieses Prinzips ab, so lässt sich erkennen, dass die Stimme inmitten einer Divergenz von Möglichkeiten einen Punkt im Erleben umschreibt, der eine Kohärenz vermittelt.

Im Rahmen der Biographie von Herrn T. finden sich zwei wesentliche Momente, die über die Analyse von Derrida hinausgehen. Die Stimme vereinheitlicht nicht allein, sie schützt vielmehr vor der Feindseligkeit der Objekte und dem internalisierten Selbsthass. Daneben wird die Beziehung zur Stimme im Singen charakteristisch gesteigert: Die körperliche Beteiligung wächst und umfasst nicht allein eine gesteigerte Beteiligung von Muskelgruppen, eine ausgefeiltere Atemtechnik etc., sondern vor allem eine neue Möglichkeit, das Körperselbst libidinös zu besetzen.

Der von Derrida hervorgehobene Aspekt der Beschneidung der Wahrheit korrespondiert mit dem Begriff der Abwehr, den die Psychoanalyse, z. B. bei Racker, mit dem Gebrauch der Stimme zusammenbringt, wenn dieser herausarbeitet, dass die Musik depressive und paranoide Ängste abwehrt (Racker 1951). Die Abwehr bedeutet die Abwehr von Wahrheit, also die Täuschung über einen Teil der eigenen Geschichte. Es geht jedoch in der Abwehr nicht um ein logisches sondern vor allem um ein quantitatives Moment. Die abgewehrte Wahrheit wird nicht aus Ignoranz sondern aus Selbstschutz vom Bewusstsein ausgeschlossen. Wenn die Feindseligkeit der inneren Objekte groß ist und das Selbst in seinen Grundfesten bedroht, so ist es lebensrettend, sie vom Bewusstsein auszuschließen. Erst die stimmvermittelte Abwehr der biographischen Wahrheit erlaubt es Herrn T., sich von den Eltern zu lösen und ein eigenes Leben zu beginnen. Erst auf dieser Basis kann er sich heute – im Rahmen der psychoanalytischen Behandlung – der destruktiven Wahrheit stellen.

Der Suizidversuch zeigt das destruktive Gewicht der biographischen Erfahrung und verdeutlicht den Zusammenbruch der Selbststruktur unter dem Ansturm dieser Destruktivität. Der Selbstmordversuch ist auch unter dem Gesichtspunkt der Anerkennung von Wahrheit ein Zusammenbruch. Denn wenn zur Anerkennung der Wahrheit, die Anerkennung ihrer Vielstimmigkeit gehört, kann die Notreaktion des Selbstmordversuchs nur als ein radikalerer Versuch gesehen werden, der Wahrheit mit einer einzigen fatalen Antwort zu entkommen.

Ohne die stimmvermittelt möglich gewordene Entwicklung der Persönlichkeit wäre Herr T. gar nicht zu der komplexen Leistung in der Lage gewesen, welche die analytische Behandlung dem Analysanden abverlangt. Wohl wehrt die Stimme Wahrheit ab, diese Abwehr ist jedoch Bedingung der Möglichkeit ihrer nachträglichen Anerkennung in der Therapie. An einem Detail des Geschehens von Übertragung und Gegenübertragung werden wir sehen, wie sich dies in der Behandlung inszeniert.

### Die Stimmenimago

Derridas Analyse des Sprechakts geht von einer Art Tautologie in der Konstitution des Selbst aus: Das Selbst spricht und hört das Selbst sprechen. In diesem Kurzschluss zwischen dem Selbst und sich selbst kommt jener Ausschluss von Andersheit zu Stande, die, nach Derrida, mit der von ihm angemahnten Wahrheits-Verdrängung einhergeht. In psychoanalytischer Hinsicht kann dieser Analyse nicht ganz zugestimmt werden. Die letzte Stütze der Stimme wurzelt nicht in der Beziehung zur eigenen Stimme, sondern zur Stimme des Anderen, zur Stimme als Objekt. Die erste und prägende Beziehung zur Stimme liegt in der pränatalen Zeit, in der das Objekt als Stimme das Erleben strukturiert (Leikert 2001).

Bei Herrn T. muss jedoch nicht über die Besonderheit dieser Begegnung spekuliert werden, da in seiner Biographie an herausgehobener Stelle die Stimme als väterliches Organ auftaucht. Der Vater hatte eine schöne Tenorstimme und »verfügte über das hohe C«, gleichsam das Kronjuwel der männlichen Stimme. Herr T. muss diese Singstimme gehört und in ihr einen privilegierten Stützpunkt seiner prekären Liebe zum Vater – die er dann wohlmöglich in seiner Objektwahl sexualisierte – gefunden haben. Die Stimme ist hier also nicht Ausschluss des Anderen, sie schließt vielmehr wesentliche Erfahrungen mit dem Objekt ein, ist im tiefsten Sinne eine Identifizierung mit dem Objekt.

Nohr hat den Niederschlag dieser Identifizierung mit dem Terminus der »Stimmenimago« beschrieben und meint damit die Anknüpfung an frühe Erfahrungen mit den musizierenden Eltern, an deren erlebter Allmacht das Infans der Frühzeit teil zu haben glaubt (Nohr 1999). An anderer Stelle bezieht sie diese Überlegungen auch auf die Sprechstimme und macht damit eine Kontinuität zwischen Sprech- und Singstimme deutlich (Nohr 2003, in diesem Band). Der Unterschied zwischen der Wirkung der Sing- und der Sprechstimme liegt sicherlich im Ausmaß der Wirkung auf das Körpererleben des Hörers, jedoch wird in einer emotional bedeutsamen Beziehung auch die Sprechstimme zum mächtigen Verführer des Subjekts.

Was bedeutet »singen« nun aber für Herrn T.? Was für ein Verhältnis zum Objekt tut sich hier kund?

Bleiben wir auf der Linie der Vaterbeziehung, so lässt sich das Singen als eine Identifizierung mit dem besseren, wenn auch verborgenen Vater verstehen, als ein Einlösen der vom Vater aufgelassenen Entwicklungsmöglichkeit. Herr T. konnte sich entwickeln und vom destruktiven Vater lösen, indem er sich mit partiell positiven Erfahrungen oder auch nur der entsprechenden Phantasien identifizierte und hierin einen Stützpunkt fand, der ihn durch alle inneren Gefahren hindurchzutragen schien. Bemerkenswert ist ja die Beschreibung einer »gesunden« und Halt gebenden Stimme, einer Stimme, mit der wahrlich nicht jeder Analysand ausgestattet ist. Oft wird die Stimme ja zur Bühne des Kampfes mit destruktiven Zügen des inneren Objekts. Die brechende Stimme, die eingeschüchterte, die verschwindende oder monotone Stimme sind ja durchaus Phänomene, die dem Kliniker wohl vertraut sind.

Die Stimme erscheint bei Herrn T. als ein Fels in der Brandung, der es ihm immer wieder möglich gemacht hat, seine Entwicklung fortzusetzen und nicht von Mutlosigkeit niedergeworfen zu werden.

Gleichwohl steht der Fels in der Brandung. Ihn als sicher zu bezeichnen, heißt nicht, dass die durch ihn möglich gewordene Entwicklung automatisch zu einer Integration destruktiver Inhalte der Biographie geführt hätte. Die Beziehungen, zu denen Herr T. fähig ist, bleiben prekär, seine Identität bleibt fragmentarisch, was sich bereits in seinem musikalischen Repertoire zeigt. Mit Ausnahme von Schlagern interpretiert Herr T. eine bunt gemischte Vielzahl von Genres, ohne aber zu dem von ihm geliebten Jazz zu gelangen. Auch in der beruflichen Tätigkeit als Tierpfleger ist unschwer die Inszenierung seiner inneren Welt zu erkennen: Hier der stimmgewaltige Tierpfleger, der, wie Orpheus, ohne Angst die bissigen Bestien in seinen Bann schlägt, dort die verstoßene Kreatur, die in ihrer Verwahrlosung, Einsamkeit und Wut ebenfalls Anteile, abgewehrte Anteile, des Selbst repräsentiert. Herr T. will sich auch deshalb nicht von der Tätigkeit als Tierpfleger lösen, weil er hier eine handhabbare Inszenierung seiner inneren Welt arrangiert hat. Herr T. hat jedoch begonnen, Krisen konstruktiver zu verarbeiten und hat sich auf den beschwerlichen Weg der Umgestaltung der inneren Objekte durch die analytische Beziehung gemacht.

### Veränderungen von Identität und Körperlichkeit

Der zweite Aspekt, bei dem die psychoanalytische Beschäftigung mit der Stimme die philosophische ergänzt, betrifft die Körperlichkeit. Singen bedeutet nicht allein einen physischen Akt, der Anstrengung und Koordination abverlangt. Singen erlaubt vielmehr libidinöse Besetzung des Körpers, die ein autonomes Körperbild neben dem sonst dominanten, gehassten Körperbild etabliert. Auch hier klären die Konzepte von Nohr unsere Überlegungen. Sie beschreibt auch beim Musiker oft eine eher hölzerne oder sogar gehasste Körperlichkeit, die sich verwandelt, sobald der Virtuose zum Instrument greift (Nohr 2003, in diesem Band).

Die Wirkung des Gesangs auf das Erleben des eigenen Körpers ist nicht zu unterschätzen. Die Wirkung eines ergreifenden Gesangs auf den Hörer, die Möglichkeit der Stimme, mitzureißen, zu elektrisieren oder tief zu rühren, betrifft ja nicht allein den Hörer sondern auch den Sänger, ist dieser doch nicht zuletzt auch Hörer seiner selbst. Im Falle von Herrn T. ist vorstellbar, dass er über die im Gesang ausgedrückten Emotionen ein Stück weit die Emotion spiegelnde Mutter ersetzen konnte, die ihm in der Biographie fehlt. Vor allem aber kann vermutet werden, dass die Musik es ihm ermöglichte, ein positiveres Bild des nun als lebendiger wahrgenommenen Körpers aufzubauen und sich auf diese Weise langsam vom übergewichtigen, isolierten und verwahrlosten Jugendlichen, der er war, zu dem attraktiven und durchaus stilsicheren Mann zu entwickeln, als der er sich jetzt präsentiert.

### Stimme und Gegenübertragung

Ein Detail des Berichtes über die klinische Situation fesselt die Aufmerksamkeit und erlaubt einen ersten Blick auf die Art, wie sich das Drama von Herrn T. in der analytischen Beziehung inszeniert. Die Analytikerin beschreibt von Beginn an eine Faszination, die von der Stimme des Patienten ausgeht. Er ist in der Lage, mit der Stimme zu verführen, eine Beziehung herzustellen und die Therapeutin dazu zu bewegen, sich mit ihm auf den beschwerlichen Weg der Umgestaltung einzulassen – auch dies ein Motiv, das an die Fähigkeiten des Orpheus erinnert, die Menschen mit seiner Stimme zu verzaubern und für sich einzunehmen.

Zudem wird erkennbar, wie sich in der Gegenübertragung ein Abwehrgeschehen wiederholt, das wir in dieser Dynamik bereits beim Patienten erschlossen haben. Die Therapeutin beschreibt, wie sie sich zuweilen von der Rede des Patienten erschlagen fühlt und sich in dieser Situation der Überlastung des therapeutischen Verstehens und Einfühlens in ein Klanghören flüchtet. Die Beziehung zur reinen Stimme des Analysanden kann in analoger Weise kommentiert werden, wie die Rolle der Stimme in der Biographie.

Zunächst ist dies sicherlich eine Abwehrleistung der Therapeutin. Sie hört nicht mehr auf den Inhalt, der verwirrend, überlastend oder bedrohlich ist, sondern auf die pure Präsenz der Stimme. Dies ist eine Preisgabe wesentlicher Funktionen des Therapeuten, der gehalten ist, vor der Deutung die Rede des Analysanden einfühlend zu begleiten. Jeder Therapeut, der mit früh gestörten Patienten arbeitet, kennt aber genau diese zeitweilige Zerstörung des analytischen Raumes, die zunächst als ein Verlust der Empathie- und Reflexionsfähigkeit auf Seiten des Analytikers auftritt.

Positiv beleuchtet bietet die Präsenzsuggestion der Stimme aber die Möglichkeit, auch innerhalb eines derart attackierten analytischen Raumes mit dem Patienten in Beziehung zu bleiben und das analytische Band nicht vollständig abreißen zu lassen. Die Analyse dieser spezifischen Lösung bietet zudem einen Zugang zur besonderen Rolle der Stimme in der Abwehrorganisation dieses Patienten, die sich hier interpersonal, in der analytischen Beziehung, entfaltet. Mit Präsenzsuggestion ist hier die auch aus der Musik bekannte Fähigkeit der Stimme gemeint, durch ihre pure phonetische Gegenwart die Anwesenheit eines archaisch guten Objekts zu suggerieren, das eine beruhigende und sichernde Beziehung garantiert (Leikert 2001). Diese partielle Beziehung, die sicherlich Momente von Spaltung aufweist, ist gleichsam der Burgfried, welcher der analytischen Beziehung in Zeiten der Überlastung Schutz gewährt.

## 3. Schlussbemerkung

Die folgenden Grundüberlegungen lassen sich thesenhaft formulieren und für die Prüfung und Präzisierung an späterem Material festhalten: Die Stimme erscheint als eine Instanz, die durch ihre transgenerationale Weitergabe eine gewisse Konstanz in einen ansonsten durch Inkonsistenz gekennzeichneten Lebensweg bringen kann. Dabei lässt sich die Beziehung zur Stimme der Eltern – hier besonders zur Stimme des Vaters – als eine Partialbeziehung beschreiben, die gleichsam eine Insel in der ansonsten überwiegend durch Destruktivität gekennzeichneten Beziehung bildet. Diesen Charakter eines relativ isolierten, sichernden Objekts spielt die Stimme auch innerhalb der Biographie des Patienten und innerhalb der Dynamik der therapeutischen Beziehung. Dies lässt sich sowohl unter dem Gesichtpunkt der Abwehr hauptsächlich paranoider Ängste beschreiben als auch in einem produktiven Sinne verstehen. Die Stimme erscheint hier als Reservat für einen unverletzten, kreativen Teil des Selbst, der zum Ausgangspunkt für eine nachträgliche Auseinandersetzung mit den noch abgespaltenen destruktiven Bereichen werden kann.

### Literatur

Dolar, Mladen (2002): Das Objekt Stimme. In: Kittler, Friedrich / Macho, Thomas / Weigel, Sigrid (Hg.): Zwischen Rauschen und Offenbarung. Berlin: Akademie Verlag, S. 233–256.

Leikert, Sebastian (2001): Der Orpheusmythos und die Symbolisierung des primären Verlusts – Genetische und linguistische Aspekte der Musikerfahrung. In: Psyche, 55, S. 1287–1306.

Nohr, Karin (2003): Die Stimmenimago – Ein Beitrag zum Verständnis heilsamer Wirkungen in Musik und Therapie. (In diesem Band.)

Nohr, Karin (1999): Der Musiker und sein Instrument – psychoanalytische Studien zu einer besonderen Form der Bezogenheit. Tübingen: edition diskord.

Racker Heinrich (1951): Ein Beitrag zur Psychoanalyse der Musik. In: Oberhoff, B. (Hg.): Psychoanalyse und Musik – Eine Bestandsaufnahme. Gießen: Psychosozial-Verlag, 2002.

Ruhs, August (1999): Ruf an! Die Stimme und ihr Trieb. In: Grossmann-Garger, B. / Parth, W. (Hg.): Die leise Stimme der Psychoanalyse ist beharrlich – Josef Shaked zum 70. Geburtstag. Gießen: Psychosozial-Verlag, S. 73–85.

# Die Stimmenimago
# Ein Beitrag zum Verständnis heilsamer Wirkungen in Musik und Therapie

*Karin Nohr*

Die »Macht der Stimme« – in Gesang wie Rede – ist ein seit alter Zeit bekannter Topos: In uns leben Erinnerungen an die Sagen über die verführerische Kraft der Sirenenstimmen, über die befriedende Wirkung der orphischen Musik. Die Werbung nutzt die suggestive Macht der Stimme, unterstützt durch entsprechende Hintergrundmusik; bis hin in den Kuhstall haben sich die Forschungen zur Musikwirkung herumgesprochen (Mozart ist milchfördernder als Rachmaninoff!). Hörbücher haben Konjunktur, berühmte Stimmen wie die des kürzlich verstorbenen Gerd Westphal oder die Otto Sanders hohen Marktwert. Der Anrufbeantworter mit der konservierten Stimme des Teilnehmers ist zu unserer Visitenkarte geworden; nicht selten erklären Patienten früher oder später, dass sie die Therapeutenwahl vom Klang der Stimme abhängig gemacht hätten. Das gleiche gilt umgekehrt, und mancher Kollege geht bei der Entscheidung für die Annahme eines Patienten soweit, mit Sokrates zu sagen: »Sprich, damit ich dich sehe!« (zitiert nach Seidner und Wendler 1997; Moses 1956).

Die Sprechwirkungs- und Stimmforschung kann mit mancherlei Untersuchungen die große Bedeutung der menschlichen Stimme erhellen. Eckert und Laver (1994) heben besonders die **Ausdrucksstärke** der Stimme im Hinblick auf beziehungsrelevante Informationen hervor und bestätigen damit das schon von Watzlawick (Watzlawick et al. 1974) aufgestellte kommunikationstheoretische Axiom: Das *Wie* des Gesagten dominiert das *Was*. Dass die menschliche Stimme auf den Hörer eine ausgesprochene **Appellwirkung** hat, belegen die Untersuchungen zum sogenannten funktionellen Nachvollzug oder der internen Simulation (Eckert, Laver, ebd., S. 5ff.), also dem Phänomen, dass der Hörende den Sprecher innerlich stets ansatzweise nachahmt, sich z. B. räuspert, wenn er dessen belegte Stimme hört. Der appellative Charakter äußert sich auch in anderen Interaktionseffekten: So konnten Helferich und Liebermann (1967, vgl. Diederichs 2001) nachweisen, dass Kinder ihre Tonhöhe im Gespräch der der Eltern anpassen. (Wie sehr Akkomodationsprozesse bei der Stimmentwicklung eine Rolle spielen, weiß jeder, der je den erwachsen gewordenen Sohn am Telefon mit dessen Vater verwechselt hat.) Seidner und Wendler (1997) erinnern in ihrer Untersuchung der Sängerstimme an die hohe **Individualität** der Stimme, die im Verlaufe des Lebens zum Ausdruck der Persönlichkeit werde (wie denn die etymologische Herleitung des Wortes *Person* auf das Verb *personare* hinführt, also auf das Hindurchdringen des Stimmklangs durch die »Maske« der Rolle verweist, die man auf der Bühne des Lebens spielt). Alle Stimm- und Sprechwirkungsforscher schließlich unterstreichen die **Affektnähe** der menschlichen Stimme: Sie verrate dadurch, dass bei konfliktbedingten Affektaufwallungen die Feinabstimmung der über hundert an der Stimmerzeugung beteiligten Muskeln gestört wird, die Gefühle des Sprechers (u. a. Stengel und Strauch 1996, Gundermann 1991, Eckert und Laver 1994). Kurz gesagt: Zwischen Laien und Forschern besteht Einigkeit über die Macht der Stimme, der gesprochenen wie der gesungenen. Insofern verwundert auch die – bei aller Vernachlässigung des Auditiven gegenüber dem Visuellen in unserer Gesellschaft – doch beeindruckende Fülle von Literatur nicht, die sich mit der gestörten Sprech- oder Singfähigkeit in allen Ausprägungen (z. B. Fischer 1969, 1993) oder mit ihrer Verbesserung (z. B. Kenley 1988) beschäftigt. Aber ist die Macht der Stimme auch heilsam? Und wenn ja: wodurch?

Die folgenden Ausführungen versuchen, diese Frage von zwei Richtungen her zu beantworten: Zum einen geht es um die Bedeutung von »Stimme« beim aktiven Musizieren auf einem Instrument, zum anderen geht es um die Wirkung der Therapeutenstimme im Heilungsprozess. Verbunden werden diese sehr unterschiedlichen Kommunikationsbereiche durch Ausführungen zum Konstrukt der Stimmenimago (Nohr 1997), dessen Erklärungspotenz an einem Beispiel der Dichtkunst – Goethes Iphigenie – veranschaulicht wird.

## »Stimme« und Musizieren

In einem sind sich die meisten Instrumentalisten einig (Nohr 1997): Musik in einem emphatischen Sinn macht man, wenn man auf dem Instrument zu singen beginnt. Gidon Kremer drückt dies so aus: Der »ideale Zustand« beim Geigen sei für ihn erreicht, wenn er das Instrument als »Fortsetzung des Körpers, des Atems und der Seele« empfinde

(Kremer 1993). An anderer Stelle fügt er hinzu: »In ihr (der Geige) suchte ich meinen Ton, meine Stimme, meine Musik«. Arrau formuliert es so: »Es kommt darauf an, eins mit dem Instrument zu werden« (Arrau 1984).

Die schweigenden Instrumentalisten machen also beim Spiel ihr Instrument – vom subjektiven Erleben her – zu ihrer Stimme. Dies ist ein komplexer Vorgang, an dem sich mehrere Aspekte unterscheiden lassen:

1. Das Instrument wird als Körpererweiterung empfunden. Das Instrument wird zu einem Teil des inneren Körperbildes des Spielers. Gabrielson und Lindström (1993) zeigen in ihren Untersuchungen zu »strong emotional experiences in music«, dass die Erweiterung des »tonlosen« Spielerkörpers um einen mitschwingenden, klingenden Resonanzkörper als eine Anreicherung des Körper-Ichs erfahren wird und mit einer nach innen spürbaren, nach außen sichtbaren Vitalisierung einhergeht. (Hierzu passt eine Beobachtung einer Mitschülerin aus einem Meisterkurs, an dem auch Jacqueline Du Pre teilnahm: »Wir waren sprachlos. Kaum saß dieses plumpe Mädchen mit seinen schrecklich kurzen glatten Haaren und diesen langweiligen Kleidern hinterm Cello, strahlte es eine verblüffende Intensität, Kraft und Lebendigkeit aus« (Nohr 1997, S. 79). Die Veränderungen im Körpergefühl und in der körperlichen Ausstrahlung müssen nicht immer so drastisch sein, doch sind sie immer vorhanden, und zwar desto intensiver, je näher die Musiker dem Verschmelzungszustand, dem Einswerden mit dem Instrument gelangen.

2. Die Stimme ist das Vorbild des als stimmig empfundenen Klangbildes. Die Vitalisierung, die mit der Integration der neuen, klangintensiven Instrumenten-Stimme in das Körperbild und Körpergefühl der Spielenden einher geht, rührt auch daher, dass beim Musizieren, ganz unabhängig von der Art der gespielten Musik, immer nach einem idealen, passenden, guten Klang und Ausdruck gesucht wird. Haesler (1992) macht darauf aufmerksam, dass das Vorbild dieser Passung im Austausch früher affektiver und – was für unseren Zusammenhang besonders wichtig ist – weitgehend stimmlich transportierter Signale zu finden ist. Affektive und musikalische Kommunikation erwachsen aus einer gemeinsamen Matrix, der interpersonalen Kommunikation aus den ersten eineinhalb Lebensjahren. Wenn die Säuglingsforscher das von Stern (1992) so benannte *affective attunement* untersuchen, tun sie das nach Kriterien wie Intensität, Intensitätskontur, Rhythmus, Dauer, Differenz, Gradient,

Form etc. In musikalischen Termini ausgedrückt: Spielt eine Mutter mit ihrem fünf Monate alten Kind »Hoppe hoppe Reiter«, dann benutzt sie die Gestaltungsmittel der Wiederholung des Themas, der dynamischen Steigerung mit wohl eingesetzten Crescendi, Pausen, Verzögerungen und des fortissimo-Höhepunkts mit seinem taktil-akustischen Synästhesiecharakter. Das Kind versteht kein Wort, aber die gesamte Szene bildet für den Säugling eine der primären Sinneinheiten, aus denen es sich seine Welt langsam aufbaut.

Leikert (2001) betont, über Haesler noch hinausgehend, die Entsprechung von biologischen und musikalischen Parametern aus der intrauterinen Welt des Fötus: »Herz- und Atemrhythmus der Mutter finden eine Entsprechung im Metrum und in der phrasischen Gestaltung der Musik« (Leikert 2001, S. 1300).

3. Das Instrument »spricht« den Spieler »an«. Das Instrument wird einerseits zur Stimme des Musizierenden, es hat jedoch auch seinen eigenen spezifischen Klang und stellt eine mit teils traditionellen, teils subjektiven symbolischen Aufladungen hoch besetzte Projektionsfläche für den einzelnen Spieler und Hörer dar (Nohr 1997). Wenn man genauer untersucht, was einen Spieler zum Instrument hinzieht, stößt man wieder auf das Phänomen der »Stimme«. So gibt es Musiker, wie z. B. den Cellisten Grümmer, die zunächst lange Jahre das Instrument spielen, das ihnen als Kind von den Eltern angetragen wurde und die plötzlich auf ein anderes Instrument umsatteln. Diese Umorientierung wird stets begründet mit dem Hinweis, das neue Instrument spreche anders an (vgl. auch den Fall von Lionel Tertis, Nohr 1997), habe einen gleichsam menschlichen Klang, nachdem der Musiker bewusst nie gesucht, den er aber plötzlich als zutiefst berührend erkannt habe, als ob ihm gleichsam die Ohren aufgegangen seien. Casals schildert dieses Klangerlebnis als alter Mann so (es muss dabei erinnert werden, dass er zur Zeit seiner ersten Begegnung mit dem Cello zwar erst 11 Jahre alt, aber bereits ein praktizierender Klavierspieler, Organist und Geiger war):

> »Der Cellist war Josef García, ein schöner Mann mit hoher Stirn und einem Es-ist-erreicht-Schnurrbart. Seine Gestalt paßte irgendwie zu seinem Instrument. Als ich sein Cello erblickte, war ich fasziniert, noch nie hatte ich so etwas gesehen ... Als dann der erste Ton aufklang, war ich vollends überwältigt; es war, als ob mir die Luft wegbliebe. Dieser Cello-Ton hatte etwas so Zartes, Schönes, Menschliches, ja so Menschliches an sich. Nie zuvor hatte ich solch schönen Ton vernommen. Glanz erfüllte mich« (Casals 1974).

Das Heilsame am Musizieren lässt sich nun genauer verstehen als ich-stärkend-beglückender, bereichernd-vitalisierender Zustand, als eine Art Verbesserung des – im übrigen oft als defizitär erlebten, gelegentlich schambesetzten, tendenziell abgewerteten (vgl. Nohr 1997), tonlosen Körper-Ichs, das zu klingen und gleichzeitig im selbst erzeugten Klang mitzuschwingen beginnt, als ob es vom Klang selbst angesprochen und erhoben wird.

Offenbar führt, folgt man Haesler (1992) und Leikert (2001), gelungenes Musizieren bei aller geistig-motorisch komplexen und anspruchsvollen Präsenz, die es dem Spieler abverlangt, zur Belebung guter Szenen früher Welterfahrung, die von allem Anfang an eine primär stimmlich vermittelte ist. Der Anschaulichkeit halber sei für diesen theoretischen Zusammenhang der Begriff Stimmenimago vorgeschlagen.

## Die Stimmenimago

Der Begriff Imago hat in der psychoanalytischen Theoriebildung eine lange Tradition (vgl. Laplanche u. Pontalis 1972). In der ursprünglichen »Ein-Personen-Psychologie« war damit die Ansicht verbunden, dass es im Unbewussten persistierende idealtypische Bilder der Eltern gibt, die, zugespitzt gesagt, darauf warten, im Übertragungsgeschehen klischeehaft dem bedeutsamen Anderen übergestülpt zu werden und so dazu dienen, dem Subjekt zu helfen, den Anderen nach seinem, nämlich dem verinnerlichen Elternbild zu sehen und zu formen. Diese Ansicht ist heute so nicht mehr haltbar, vernachlässigt sie doch den Umstand, dass sowohl die Individuation (vgl. Stern 1992) als auch die Erinnerungen daran sich grundsätzlich szenisch in bedeutsamen, immer wiederkehrenden Beziehungserfahrungen vollziehen. Diese Beziehungserfahrungen führen zu lebenslang wirksamen zentralen Beziehungswünschen bzw. ihrer Abwehr zwecks Schutz des Menschen vor heftiger Enttäuschungswut angesichts der Nichterfüllung dieser Wünsche. Um Wunsch und Abwehr herum wird das menschliche Beziehungsleben konstelliert, wie man v. a. in der Partnerwahl gut beobachten kann.

Imagines müssen daher heute weniger als statische, idealtypische innere Bilder konzeptualisiert werden, sondern als affektiv aufgeladene, idealtypische innere Szenen mit den zentralen Beziehungspersonen der Kindheit. Zu diesen Szenen gehören nun, und zwar wie oben gezeigt als zentraler Bestandteil, die Stimmen der Bezugspersonen bzw. die Erinnerung daran als die Hauptträger affektiver Kommunikation, so dass es gerechtfertigt erscheint, von Stimmenimago zu sprechen, wenn damit die akustisch kommunizierte affektive Aura der zentralen Beziehungserfahrungen gemeint ist.

Stimmenimagines meint also die subjektiv bedeutsamen Beziehungserfahrungen mit den Eltern von allem Anfang an, und zwar in ihrer stimmlich-akustischen Substanz. Es sind Hörimagines, die die zentralen befriedigenden oder enttäuschenden, evtl. traumatisierenden generalisierten Erlebniskerne enthalten.

Jeder von uns trägt unterschiedliche Stimmenimagines aus unterschiedlichen Lebens- und Entwicklungsphasen in sich. Denn die Stimme als Sprech- und Singstimme der Mutter steht mit der Klanghülle ihrer Körpergeräusche am Anfang des Lebens (im vierten Schwangerschaftsmonat bildet sich die Hörfähigkeit aus!), lange bevor das Gesicht, das Lächeln zu dieser Wahrnehmung hinzutritt. Die Mutter ist für uns »Klangobjekt«, mit einem Ausdruck von Maiello (1999), bevor sie Anschauungsobjekt wird. Als »Klangobjekt« ist sie, wie die Musik, gleichzeitig drinnen und draußen. Der kürzlich verstorbene Anzieu (1991) als einer der wenigen Psychoanalytiker, die sich der Dimension des Auditiven zugewandt haben, spricht in diesem Zusammenhang von der »audiophonen Selbsthülle«, d. h. er betont den Einfluss des »Klangobjekts« auf die Identitätsbildung und hat darüber hinaus in seiner therapeutischen Arbeit verfolgt, wie die jeweilige Dominanz früher Hörerfahrungen neurotischen Persönlichkeitsformen, aber auch schicksalshaften Identitätsprägungen zugeordnet werden kann (vgl. unten).

Die Stimme des Säuglings, die ja erst bei der Geburt hörbar wird, wird am Anfang des Lebens mehr als alles andere zum Schlüssel der Bedürfnisbefriedigung, sei sie triebhafter oder narzisstischer Natur. Bekanntlich können Eltern Neugeborener relativ schnell die Schreiarten ihres Kindes unterscheiden und darauf reagieren, während die Mimik des Säuglings zunächst weniger dialogfähig ist. Condon und Sander (1974) konnten durch die Mikroanalyse von Tonfilmen nachweisen, dass sich das Neugeborene im Rhythmus zur mütterlichen Stimme bewegt und dadurch wieder die Mutter anregt, mit ihrer auf das Baby abgestimmten »high pitched voice« fortzufahren. Die Autoren nennen das einen synchronisierten »Tanz zwischen Mutter und Kind«.

So tritt zur intrauterinen Stimmenimago, die durch Wärme, Rhythmus und Konstanz geprägt ist, die peri- und postnatale frühe Stimmenimago, in der Anregung, Passung und Befriedigung als positive Elemente enthalten sein könnten.

Im Verlaufe der sich ausdifferenzierenden Interaktion zwischen Kind und Eltern kommen dann die als mütterlich und väterlich unterschiedenen Stimmen mit ihrem sich stets vergrößernden Spektrum des wohlwollend-begleitenden über den orientierend-gebieterischen hin zum verbietend-schneidend-hart-verächtlichen Klangbilds. Walsh (1974) und Kohut (1951) gehen deshalb davon aus, dass die Vorläufer des Über-Ichs eher akustisch verfasst sind, denn das Kind versteht eher durch den Ton des Gesagten als durch das Gesagte selbst, ob etwas erwünscht oder verboten ist. Natürlich tritt der Blick hinzu, der sprichwörtlich strafende oder enttäuschte Blick, der vor allem dann besonders wirkt, wenn er mit Schweigen und damit der Verweigerung von Kontakt einhergeht. Die verinnerlichten Elterngebote und -verbote amalgamieren sich dann im Verlaufe der Entwicklung zur »Stimme des Gewissens«, einer Stimmenimago besonderer Art, die neben den Orientierung und Halt gebenden besonders die negativ erlebten, verbietend-beschränkenden oder beschämenden Beziehungserlebnisse bewahrt.

Diese theoretischen Zusammenhänge zu Stimmenimagines lassen sich übrigens mit Untersuchungen aus der Kognitionspsychologie (Halpern 1992, Reisberg et al. 1992) gut in Einklang bringen. So zeigen gedächtnispsychologische Experimente, dass wohlbekannte Melodien, die ja zum Teil von einjährigen Kindern bereits gesungen werden können – d. h. bevor diese Kinder sprechen können – in Klangvorstellungen des Langzeitgedächtnisses innerlich repräsentiert sind und dass diese Codierungen Informationen über Tempo, Tonhöhe, Klangfarbe enthalten. Das heißt es gibt Strukturen im Langzeitgedächtnis, die gerade die nicht-semantischen, sondern mit der Sprech- oder Singweise verbundenen emotionalen Färbungen zur Verfügung haben, und sie sind in jedem von uns präsent.

So könnte also das Heilsame am Musizieren auch mit der Wiederbelebung bestimmter, positiv gefärbter Stimmenimagines zu erklären sein. Auf dem Instrument sich auszudrücken, es singen zu lassen, bedeutet dann in Kontakt sein mit den inneren Eltern im Gefühl einer beglückenden inneren Verbundenheit. In diesem inneren Anknüpfen scheint eine geheime Motivationsquelle für das ja auch mit Mühe und Anstrengung verbundene Musizieren zu liegen. Die hohe Anziehung des Cellos auf den jungen Casals lässt sich im Licht dieser Überlegungen so verstehen, dass sich hier zwei Dimensionen verschränken: Die Spieler-Cello-Dyade führt dem Jungen ein Bild erfolgreicher Männlichkeit vor Augen, das für ihn von hoher narzisstischer Attraktion ist. Zu dieser positiv gefärbten und rein visuell konzipierten Männlichkeitsimago tritt aber noch eine Stimmenimago, die in ihrer gefühlshaft- überwältigenden Zartheit eher positive Beziehungserfahrungen der frühen Mutter-Sohn-Welt anklingen lässt. So wird für Casals das Cello zur Erbin positiver Elternvermächt-nisse, die er beim Spielen in sich aufsuchen kann.

### Die heilende Macht der Stimme in Goethes Drama »Iphigenie«

Die Belebung positiv gefärbter Stimmenimagines kann auch jenseits des musikalischen Reichs heilsame Wirkungen erzielen. Dies soll idealty-pisch am Beispiel von Goethes »Iphigenie«, dem Seelendrama, das eigent-lich ein »Stimmendrama« ist, dargestellt werden.

Iphigenie, von der Göttin Artemis per Entführungswunder vor dem Opfertod bewahrt, zu dem ihr Vater Agamemnon sie aus Gründen der Kriegsraison zu führen gezwungen ist, lebt als Priesterin der Artemis in der Fremde. Ihre gewaltsame Trennung von Heimat und Familie erlebt sie als »zweiten Tod«. Sie weiß nichts vom Ausgang des Kriegs gegen die Trojaner, nichts von der längst erfolgten Heimkehr ihres Vaters, nichts von den Morden in ihrer Familie: Ihre Mutter bringt zusammen mit ihrem Liebhaber den Vater um, dem sie nicht verzeihen kann, dass er die älteste Tochter opfern wollte; der Bruder Orest rächt Agamemnon, indem er die eigene Mutter erschlägt. Hiervon völlig unberührt, hofft Iphigenie in der Fremde auf Rückkehr in die Welt ihrer Kindheit, hofft, dass die Göttin Artemis, die sie schon einmal vom Tod bewahrte, sie »zur schönsten Freu-de seines Alters« zu ihrem Vater zurückbringen möge, und schlägt vor dem Hintergrund dieser – nennen wir sie ödipalen – Bindung die Werbung des Königs, in dessen Reich sie freundlich aufgenommen wurde, aus.

In der Wut des von Iphigenie abgewiesenen Thoas klingt zum ersten Mal in diesem Drama das Motiv der Stimme an. Er, der sich von der »Freundlichkeit« der Griechin »eingewiegt« gefühlt hat, fühlt sich durch den Grund entwertet, den Iphigenie ihm gegenüber anführt, um ihre Abweisung verständlich zu machen: Eine göttliche Eingebung, die sie die »zarte Stimme des Herzens nennt« (Z. 496), habe ihr ein höheres Wissen davon verliehen, dass ihre Beziehung beide unglücklich machen würde. Thoas verhöhnt Iphigeniens Berufung auf diese innere Stimme als rationalisierende Ausflüchte einer Frau, die nicht zugeben will, dass sie ihn nicht liebt und macht sich seine Enttäuschung dadurch erträglich, dass er Iphigenie als götterähnliche Priesterin idealisiert und so als Liebesobjekt zumindest teilweise erhält, während er andererseits seine Rachegelüste und Enttäuschungswut auf andere verschiebt, indem er einen alten Brauch seines Landes, Fremdlinge stets der Göttin Artemis als Menschenopfer darzubringen, wieder aufleben lässt. Iphigenie bestimmt er gegen ihren Willen zur Vollstreckerin dieses barbarischen Brauchs.

Der nächste Fremde aber, den es in Thoas' Land verschlägt, ist der Bruder Iphigeniens, Orest. Die Orest-Handlung wird von Goethe in von den klassisch-griechischen Vorbildern des Stoffs abweichender Weise akzentuiert, und ihre besondere innere Bedeutung für Goethe selbst mag man daran ablesen, dass er den Orest in der Uraufführung des Stücks in Weimar selbst spielte (Eissler 1987). Zunächst übernimmt Goethe die aus den Aischylos- und Euripides-Dramen bekannte Tradition, Orest als den von den Göttern mit Wahn Geschlagenen zu zeichnen. Die Bestrafung des Muttermordes obliegt nach alter Auffassung den noch aus dem Mutterrecht stammenden Strafgöttinnen, den Erinnyen. Es handelt sich um schwarzhäutige Greisinnen mit Schlangenhaaren. Wenn sie sich ihren Opfern nähern, dann als Hundewesen mit eisenbeschlagener Peitsche und vor allem mit dem unerträglichem Gebell, vor dem es kein Entrinnen gibt. In dieser Gestalt und mit ihren entsetzlichen Stimmen hetzen sie das Opfer über den Erdball: Allekto, die Unaufhörliche, Tisiphone, die Vergeltende und Megaira, die Neidisch-Zornige (Kerenyi 1985).

Von den Erinnyen gejagt, gelangt auch Orest in Iphigeniens Nähe. Dabei zeichnet ihn Goethe weniger als vom Wahn umfangen, sondern als von Schuld zerquälten, depressiven, suizidalen Mann, der nur noch von seinem als Hilfs-Ich fungierenden langjährigen Freund Pylades gleichsam am Funktionieren gehalten wird. Zwischen Pylades und Orest ist die typische Polarisierung am Werke, wie man sie aus der Beziehungsdynamik depressiver Menschen kennt: Pylades vertritt den Lebensmut, Orest den absoluten masochistischen Negativismus, an dem alles abprallt: Orest ersehnt den Opfertod, den Thoas für die Fremden bestimmt hat, und er ersehnt ihn, das ist für unser Thema wichtig, als Ort der Ruhe und Sicherheit vor den Stimmen der ihn jagenden Erinnyen.

Die erste Begegnung mit Iphigenie gestaltet Goethe aus dramaturgisch-spannungssteigernden Gründen ohne Orest. Iphigenie trifft auf

Pylades allein und erkundigt sich nach seinem Woher und Wohin. Er antwortet auf ihre eher sachlichen Fragen mit dem freudigen Ausruf: »Oh süße Stimme! Vielwillkommener Ton der Muttersprache in einem fremden Lande« (Z. 803f). Eine Welt der Hoffnung, Freude, unverhoffter Ähnlichkeit und freudigen Wiedererkennens leuchtet in diesen Zeilen auf und prägt das Gesprächsklima zwischen den beiden, wobei Pylades die Wahrheit über Orest und ihre Absicht verbirgt (nämlich das Standbild der Artemis, deren Priesterin Iphigenie ja ist, von der Insel zu entwenden und nach Delphi zu dem Götterbruder Apoll zu bringen, um dadurch vielleicht den Fluch der Erinnyen zu lösen), aber im weiteren Gesprächsverlauf doch Iphigenie als Landsmännin über das entsetzliche Schicksal der königlichen Familie informiert.

Die Begegnung zwischen den einander unbekannten Geschwistern selbst mit der Enthüllung ihrer Identität gestaltet Goethe wie ein therapeutisches oder seelsorgerliches Beichtgespräch. Hier wird die zentrale, die heilende Machtdimension der Stimme ausgestaltet, denn es ist die Stimme Iphigeniens, die Orest gleichsam gegen seinen Willen dazu bringt, die traumatischen Szenen zu schildern. Orest:

> »So haben mich die Götter ausersehen / Zum Boten einer Tat die ich so gern / Ins klanglos dumpfe Höhlenreich der Nacht / Verbergen möchte. Wider meinen Willen / Zwingt mich dein holder Mund ...« (1003f.).

Nach der Beichte ist Orest wieder in den Fängen der Erinnyen. Seine Verzweiflung wird spürbar unerträglich, geht in halluzinatorischen Wahn über. Orest hört nicht nur ihr »gräßliches Gelächter«, er sieht sie auch:

> »Da draußen ruhen sie / Gelagert, und verlaß ich diesen Hain, Dann steigen sie, die Schlangenhäupter schüttelnd / Von allen Seiten Staub erregend auf / Und treiben ihre Beute vor sich her« (Z. 1135ff.).

In seine Qual hinein spricht Iphigenie die Worte: »Kannst du, Orest, ein freundlich Wort vernehmen?« (Z.1139), doch ähnlich wie vorher bei Pylades prallen diese Wort an Orests Bitterkeit ab: »Spar es für einen Freund der Götter auf« (Z.1140). Er erlebt die Fragen Iphigeniens, die sich noch nicht zu erkennen gegeben hat, nun zunehmend als Peinigung, ja, Orest geht so weit, Iphigeniens Fragen als Teil der Erinnyen-Strafe zu sehen, d. h. er identifiziert die Fragerin mit den Rachegöttinnen.

In seine Bitten hinein, ihn nicht auch noch zu martern, spricht ihn Iphigenie in einem längeren Beitrag, die Enthüllung ihrer Identität vorbereitend, mit den Worten an: »Oh laß den reinen Hauch der Liebe dir / Die Glut des Busens leise wehend kühlen ...« (Z.1157). Sie versucht, seine medusenartige Versteinerung zu lösen und bewirkt mit den Worten »O wenn vergoßnen Mutterblutes Stimme / Zur Höll hinab mit dumpfen Tönen ruft / Soll nicht der reinen Schwester Segenswort / Hilfreiche Götter vom Olympus rufen?« (Z.1165) schließlich die affektive Berührung des Bruders, der nun tief verwirrt ausruft: »Wer bist du, deren Stimme mir entsetzlich / Das Innerste in seinen Tiefen wendet?« (Z.1170).

Hierauf wendet sich Iphigenie gleichsam an die Stimme der Wahrheit in Orest, an die Stimme seines Herzens: »Es zeigt sich dir im tiefsten Herzen an: / Orest, ich bins, sieh Iphigenien! Ich lebe!« (Z.1172f.). Der Höhepunkt des Dramas wird also als Begegnung der Stimmen des Herzens gestaltet.

Auch wenn Orest nach der Enthüllung zunächst noch tiefe Zweifel hat und an seinem Negativismus insofern festhält, als er die Begegnung mit der Priester-Schwester, die dazu ausersehen ist, ihn zu töten, als höhere Gerechtigkeit für sich deutet, so kündigt sich doch nach diesem Moment der tiefen Berührung kathartische Wandlung und Heilung in Orest an. Er erinnert plötzlich seine Liebe für die große, ihm unbekannte, stets idealisierte Schwester und verliert in den überwältigenden Erinnerungen vor Rührung und Schwäche das Bewusstsein. Die nächste Szene zeigt ihn allein, aus der Betäubung erwachend, und ist vielfach als Zeichen noch persistierenden Wahns gedeutet worden. Ich meine aber, dass Orest, ausgelöst durch die heilende Begegnung mit Iphigenie, hier in einer großangelegten Imagination von der versöhnlichen Wiederbegegnung aller Familienmitglieder im Hades erstmals in der Lage ist, die Erinnyen abzuschütteln, indem er an unzerstörbare positive Kräfte in sich selbst anknüpfen kann, wenn er in seiner Phantasie seine gesamte Familie wieder vereint und darin seinen würdigen Platz – nicht den des Mörders, sondern des vom Rachefluch befreiten Sohns – wiederfindet:

»So bin auch ich willkommen, und ich darf / In euren feierlichen Zug mich mischen./ Willkommen Väter! Euch grüßt Orest / Von eurem Stamm der letzte Mann, Was ihr gesät, hat er geerntet ... Wir sind hier alle der Feindschaft los« (Z. 1279).

In dieser affektgesättigten – man könnte sagen katathymen – Imagination noch befangen verkennt zwar Orest in dem Moment, als nun auch Iphigenie und Pylades zu ihm treten, die Realität, indem er annimmt, auch sie seien jetzt mit ihm im Hades vereint, doch bedarf es nur noch der freundlich-festen Ansprache beider an ihn, und Orest steht als Geheilter, die Realität differenziert wahrnehmender, von Freude und Tatendrang erfüllter Mann vor ihnen:

> »Es löset sich der Fluch, mir sagt's das Herz, die Eumeniden ziehn, ich höre sie / zum Tartarus ... Die Erde dampft erquickenden Geruch / Und ladet mich auf ihren Flächen ein / Nach Lebensfreud und großer Tat zu jagen« (Z.1368).

Das Stück scheint entschieden: In der Freude über den wiedergewonnenen, geheilten Bruder erklärt sich Iphigenie spontan zu einer List bereit, die die gemeinsame Flucht und Heimkehr ermöglichen soll. Doch Thoas mahnt Iphigenie, seinen Befehl zum Menschenopfer an den Fremden auszuführen. Iphigenie ist in einen tiefen Konflikt gestürzt zwischen ihrem Wunsch, den Bruder zu retten, und dem nach Ehrlichkeit und Dankbarkeit Thoas gegenüber, den sie auch ihren zweiten Vater nennt »Nun hat die Stimme / Des treuen Manns mich wieder aufgeweckt / Dass ich auch Menschen hier verlasse mich / erinnert« (Z. 1522).

Iphigenie begreift, dass sie in diesem Ambivalenzkonflikt nicht eine Seite opfern kann, ohne die andere zu verraten. Sie begreift auch, dass es die Unterdrückung von Ambivalenz ist, die den Männern die rasche Tat ermöglicht, zu denen sie jetzt von beiden Seiten gedrängt wird: Ja, sie leidet unter ihrem »Herzen« und verwünscht es: »O trüg ich doch ein männlich Herz in mir / Das wenn es einen kühnen Vorsatz hegt / Vor jeder andern Stimme sich verschließt« (Z. 1677).

Durch das Lied der Parzen aber, wie es ihr die Amme früher sang, findet sie zurück zu ihrem Herzen mit den darin wohnenden Gefühlswahrheiten, und es gelingt ihr in dem großen Abschlussdialog mit dem »Barbaren« Thoas, ihn von dem unmenschlichen »männlichen« Brauch des Abschlachtens von Fremden aus enttäuschter Liebe zu ihr abzubringen. Das heißt es gelingt ihr, auch Thoas zur Wahrnehmung seiner Gefühle von Liebe und Menschlichkeit zu verhelfen, und wieder ist es ihre Stimme, mithilfe derer sie ihn letztlich zum Einlenken bewegen kann: »Wie oft besänftigte mich diese Stimme« (Z. 1986) murmelt Thoas in seinem Widerstreben, und stolz und zweifelnd zugleich staunt er über Iphigenies

Appell an seine Gnade und Umkehr: »Du glaubst es höre / Der rohe Scythe, der Barbar, die Stimme der Wahrheit und der Menschlichkeit, die Atreus / Der Grieche nicht vernahm?« (Z. 1937ff.).

Iphigenie antwortet: »Es hört sie jeder / Geboren unter jedem Himmel, dem / Des Lebens Quelle durch den Busen recht / Und ungehindert fließt« (Z. 1939f.).

Mit diesen Worten, die zugleich Klänge sind, sei das Versenken in die dichterisch beschworene Macht der menschlichen Stimme an dieser Stelle beendet. Es wundert angesichts der Macht, die Goethe der Stimme hier zuspricht, nicht, dass er die Prosafassung in eine Reimfassung umwandelte, die mit ihrer Rhythmik und Klangverdichtung dem Gesang näherkommt, und es wundert auch nicht, dass er das in einer Zeit tat, wo er der Stimme der Pflicht, die ihn in Weimar an vielerlei Staatsgeschäften hielt, entrinnen und in Italien zu der sicher schon immer von ihm gehörten, aber oft verratenen »Stimme des Herzens« stehen lernte.

Heilung wird also von Goethe in diesem »Seelendrama« konzeptualisiert als Wiederfinden der Stimme des Herzens, des Eigenen, die, erstarkt, sich der vorher dominierenden und alles übertönenden Stimme des Gewissens und der Bestrafung, der Pflicht und des Zwangs entgegenstellt. Das Wiederfinden der inneren Mehrstimmigkeit führt zu Befreiung von Versteinerung, Grausamkeit (auch gegen sich selbst) und von der entfremdenden Einschränkung der Menschlichkeit. In Orest werden die herabsetzenden Erinnyen durch die singenden Eumeniden, d. h. die »Wohllautenden« übertönt, ja ersetzt (Kerenyi 1984).

Mit Hilfe des Konstrukts der Stimmenimago könnte Iphigeniens Heilung ihres Bruders so verstanden werden, dass es ihr gelungen ist, frühere, und zwar positiv affektiv besetzte Hörimagines in Orest wiederzubeleben, die es ihm aufgrund der in ihnen enthaltenen szenischen Informationen der Passung und des »Wie-du-bist-bist-du-gut«-Seins erlauben, die Absolutheit seiner Selbstverachtung und die unkontrollierbare, dranghaft auto-destruktive Impulsivität aufzulösen und wieder Anschluss zu gewinnen an das Gute in sich. Im einzelnen behandelt Goethe drei Stimmenimagines:

1. Im freudigen Wiedererkennen des heimatlichen Klangs durch Pylades' Stimme, in der besänftigenden Kraft, die Iphigeniens Stimme auf Thoas ausübt, werden sehr frühe, evtl. intrauterine Hör-Imagines wiederbelebt. Das unwiderstehlich Besänftigende, Einlullende, Heimatgefühle

Auslösende führt in die Welt von Wärme, Rhythmus und Konstanz der frühen innigen Mutter-Kind-Dyade.

2. Mit der »Stimme des Herzens« wird eine Stimmenimago wiederbelebt, die vermutlich aus zentralen befriedigenden Kindheitserlebnissen mit der passenden affektiven Abstimmung zwischen Eltern und Kind stammt, also aus Szenen, in denen Mutter oder Vater in empathischer und echter Weise ihre Befindlichkeit mit der des Kindes in Einklang bringen können, d. h. weder das Eigene verleugnen noch es dem Kind nehmen.

3. Das Gebell der Erinnyen evoziert strafend-entwertend-höhnisch herabsetzende Beziehungserfahrungen, in denen die Eltern aus Über-Ich-Gründen (Was denken die anderen? Das kann ich nicht gönnen etc.) in unempathischer, impulsiv-aggressiver Weise ihre Strafimpulse gegenüber dem Kind v. a. stimmlich durch überwältigende Lautstärke oder durch schneidende Aggressivität, ja oft auch gewaltsam durch Handgreiflichkeiten ausleben müssen.

## Zur Wirksamkeit der Therapeutenstimme in der analytischen Beziehungsgestaltung

Was Goethes Poesie feiert, ist auch in der Prosa des therapeutischen Alltags wirksam, vor allem in psychoanalytischen Therapien, die durch ein Minimum an Körperkontakt und visueller Kommunikation gekennzeichnet sind. Das, was der Patient im wesentlichen von seinem Analytiker kennt, ist dessen Stimme. Wie wir von Sokrates – und nun auch von Goethe – wissen, ist das sehr viel, es reicht dazu aus, dass Patienten ein überaus differenziertes Bild der Haltungen, Stimmungen, Neigungen und Abneigungen ihres Therapeuten aufbauen können. Im wesentlichen – über ihre Rolle als Indikator für die Gestimmtheit des Übertragungsobjekts hinaus – scheint mir die Therapeutenstimme in dreierlei Hinsicht bedeutsam: 1. bei regressiven Zuständen, 2. in Selbstobjekt-Übertragungskonstellationen und 3. bei Über-Ich-Externalisierungen (vgl. hierzu Nohr 1999).

Zu 1. In besonderen regressiven Zuständen »schlürfen«, wie es Greenson (1982) anschaulich beschreibt, Patienten die Stimme des Analytikers gleichsam »wie Muttermilch« ein. Sie verstehen im ersten Anlauf in bestimmten Therapiephasen gar nicht, was ausgesagt wird, sondern lauschen der Stimme wie einer Quelle befriedigenden Wohllauts, sind auch per Agieren bestrebt, den Analytiker zum Reden zu bringen. Man kann dies so verstehen, dass das Schweigen des Analytikers in diesen

Patienten vermutlich frühe Mangelzustände wiederbelebt, eventuell Trennungen von der Mutter als Säugling oder besondere emotionale Kargheit der Bezugspersonen. Dann wäre das Überbesetzen der Therapeutenstimme ein Versuch der Abwehr unerträglicher Gefühle von Verlorenheit. Die Therapeutenstimme kann aber auch solche positiven Erinnerungsspuren wiederbeleben, die trotz aller Mangelzustände immer wieder zu befriedigenden, tröstenden, guten Beziehungserfahrungen mit der Mutter oder den Mutterersatzpersonen führen. (Einer meiner schwer trennungsgeschädigten Analysanden nahm alle Stunden auf Tonband auf und trug so meine Stimme buchstäblich mit nach Hause, was wir später als einen Versuch verstanden, mit dem »guten Objekt« die Gefühle von Verlassenheit zwischen den Stunden zu bannen.)

Zu 2. Während man dem anderen durch verschiedene »Masken« leicht etwas vorspiegeln kann – z. B. als Analytiker dem teilweise immer noch postulierten Ideal folgen, sich unsichtbar, d. h. zur Projektionsfläche für Patientenphantasien zu machen – ist die menschliche Stimme ein Indikator für Echtheit, insbesondere wenn man überraschend bei sehr Persönlichem berührt wird, eine Situation, die narzisstisch labile Patienten gelegentlich konstellieren, um die Echtheit des Therapeuten zu »testen«. Diese Menschen wurden in ihrer Kindheit äußerst selektiv gespiegelt, d. h. die Eltern betonten in ihren Reaktionen auf die kindlichen Lebensäußerungen das, was ihnen selbst verwehrt war und an dem sie nun in altruistischer Abtretung teilhaben wollen. Diese Patienten sind in ihrer Autonomie erheblich eingeschränkt, da sie innerlich an die Spiegelantwort der inneren Eltern gebunden sind; ihre Selbst- und Objektwahrnehmung ist gestört, und sie neigen im therapeutischen Prozess zu einer der bei Kohut (1990) geschilderten Selbst-Objekt-Übertragungsweisen, da sie nur bedingt zwischen sich und dem bedeutungsvollen Anderen unterscheiden können. Phasenweise kommt es zu Verschmelzungserlebnissen, in denen sie sich zwillingshaft oder eins mit dem Therapeuten fühlen. Ihr Wohlergehen ist in diesen Phasen weitgehend vom Einklang mit dem empathisch bezogenen Therapeuten abhängig, so dass solche Patienten auf der Couch gleichsam nach hinten wittern müssen, um die Gestimmtheit ihres Therapeuten zu erfassen.

In diesen Fällen ist die Abhängigkeit des Patienten von der wohlmeinenden Stimme des Therapeuten (seiner »Eumeniden-Funktion«) eine Abwehr verschiedener früher, äußerst negativer narzisstischer Beziehungserfahrungen mit Niederschlägen in entsprechenden negativ gefärbten Stimmenimagines, die Anzieu (1991) unter der Annahme pathogener Defekte im frühen »Hör-Ich« zu klassifizieren versucht hat unter den Begriffen Dissonanz (Mutter reagiert nicht in Einstimmung mit den Affekten des Säuglings), Abruptheit (Mutters Stimmreaktionen sind unvorhersehbar in Heftigkeit und Färbung) und Unpersönlichkeit, Flachheit (Mutters Stimme teilt nichts über ihre eigene Gefühlswelt mit oder über das, von dem sie meint, dass es das Baby fühlt). Man könnte als vierten pathogenen Defekt den der Falschheit oder Nicht-Authentizität nennen (Mutters Stimme enthält widersprüchliche Botschaften und unspontane, gelenkte Betonungen).

In der Arbeit mit Selbst-Objekt-Übertragungen kann die Beachtung der unterschiedlichen, negativ gefärbten Stimmenimagines eine wertvolle Rolle im therapeutischen Prozess spielen, v. a. wenn die Stimmwirkung des Therapeuten direkt ansprechbar und auf genetische Vorbilder zurükkführbar wird.

Zu 3. Bei Patienten, die zur Über-Ich-Externalisierung neigen (Wurmser 1987), gerät der Therapeut in die »Erinnyen-Position«. Die Patienten können nicht sprechen oder kommen nicht weiter, weil sie Angst haben, beschämt oder verachtet oder bestraft zu werden, d. h. sie projizieren ihre Straf- und Schamängste- bzw. Strafwünsche auf den Therapeuten. Der Therapeut wird zur Projektionsfläche einer überkritischen, erbarmungslosen Instanz und darin zum Elternnachfahren, die Therapeutenstimme wird liiert mit der »Stimme des Gewissens«. Die Stimme, aber auch das gefürchtete Schweigen, wird hier wiederum zum Medium von Wiederholung und Neuerfahrung zugleich, denn können diese Projektionen erkannt, besprochen, in intrapsychische Konflikte zurück verwandelt werden, die dafür sorgen, dass Patienten sich durch Selbstverachtung und -bestrafung beschneiden und ihre eigene Stimme unterdrücken, dann kann die Erynnien-Imago langsam zurücktreten und einer wohlmeinenderen Selbstbegleitung Platz machen.

Zusammenfassend lässt sich die Vermutung äußern, dass Störungen im Aufbau der Ich-Identität gezielter behandelt und geheilt werden können, wenn das frühe »Hör-Ich«, wenn die je spezifischen Stimmimagines mit ihren oft schädigenden Beziehungserfahrungen in den Fokus der Behandlung rücken können, wenn sich die Therapeuten über den Einfluss ihrer eigenen Stimmenmacht hinsichtlich der Wiederbelebung früher Spiegelerlebnisse und der akustisch verfassten Über-Ich-Introjekte im klaren sind.

## Literatur

Anzieu, Didier (1991): Das Haut-Ich. Frankfurt/M.: Suhrkamp.

Arrau, Claudio (1984): Leben mit der Musik. München: Scherz.

Casals, Pablo (1974): Licht und Schatten auf einem langen Weg. Frankfurt/M.: Fischer.

Condon, W. S. / Sander, L. W. (1974): Neonate Movement is Synchronized with Adult Speech: Interactional Participation and Language Acquisition. Science, 183, S. 99–101.

Diederichs, Peter (2001): Psychoanalyse und Frauenheilkunde. Gießen: Psychosozial-Verlag.

Eckert, Hartwig / Laver, John (1994): Menschen und ihre Stimmen. Weinheim: Beltz.

Eissler, Kurt (1987): Goethe. München: dtv.

Fischer, E. (1969): Handbuch der Stimmbildung. Tutzing: Schneider.

Gabrielsson, A. / Lindström, S. (1993): On Strong Experiences of Music. Jahrbuch Musikpsychologie, 10, S. 118–139.

Goethe, Johann Wolfgang von: Iphigenie auf Tauris. Goethes Werke (Hamburger Ausgabe in 14 Bänden, hg. v. Erich Trunz) Bd. V, S. 7–67.

Greenson, Ralph R.(1982): Die Muttersprache und die Mutter. Psychoanalytische Erkundungen. Stuttgart: Klett.

Grümmer, P. (1963): Begegnungen. Aus dem Leben eines Violoncellisten. München: Bong.

Gundermann, H. (1994): Stimmstörungen – Fragen und Gedanken zur Prävention. Logos Interdisziplinär 3/1994, S. 167–169.

Haesler, Ludwig (1982): Sprachvertonung in Robert Schumanns Liederzyklus »Dichterliebe« (1840). Ein Beitrag zur Psychoanalyse der musikalischen Kreativität. Psyche, 36, S. 908–950.

Halpern, Andrea (1992): Musical Aspects of Auditory Imagery. In: Reisberg, Daniel (Hg.): Auditory Imagery. Hillsdale, New Jersey: Lawrence Erlbaum Associates, S. 1–28.

Kenley, Joan (1990): Stimme und Erfolg. Zürich: Oesch.

Kerenyi, Karl (1985): Die Mythologie der Griechen. München: dtv.

Kohut, Heinz (1951): The Significance of Musical Activity. Music Therapy, 1, S. 151–181.

Kohut, Heinz (1973): Introspektion, Empathie und Psychoanalyse. Psyche, 25, S. 831–855.

Kohut, Heinz (1973): Narzißmus. Frankfurt/M.: Suhrkamp.

Kohut, Heinz (1979): Die Heilung des Selbst. Frankfurt/M.: Suhrkamp.

Kremer, Gidon (1993): Kindheitssplitter. München: Piper.

Laplanche, Jean / Pontalis, Jean-Bernard (1972): Das Vokabular der Psychoanalyse. Frankfurt/M.: Suhrkamp.

Leikert, Sebastian (2001): Orpheusmythos und Symbolisierung des primären

Verlusts: Genetische und linguistische Aspekte der Musikerfahrung. Psyche, 55, S. 1285–1306.

Maiello, Suzanne (1999): Über den pränatalen Ursprung auditiver Gedächtnisspuren. Psyche, 53, S. 137–157.

Moses, P. (1956): Die Stimme der Neurose. Stuttgart: Thieme.

Nohr, Karin (1997): Der Musiker und sein Instrument. Tübingen: edition diskord.

Nohr, Karin (1999): Zur Wirkung der Therapeutenstimme im therapeutischen Prozess. Unveröffentl. Vortrag (Kongressbeitrag »Imagination«, Thun 1999).

Seidner, Wolfram und Wendler, Jürgen (1997): Die Sängerstimme. Berlin: Henschel.

Stengel, I. / Strauch, T. (1996): Stimme und Person. Stuttgart: Klett-Cotta.

Stern, Daniel (1992): Die Lebenserfahrung des Säuglings. Stuttgart: Klett-Cotta.

Tertis, Lionel (1974): My Viola and I. London: Elek.

Walsh, M. (1974): Auditive Sprache und Überich-Bildung. Psyche, 28, S. 799–814.

Watzlawick, Paul / Beavin, Janet / Jackson, Don (1974): Menschliche Kommunikation. Bern: Huber.

Wurmser, Leon (1987): Flucht vor dem Gewissen. Köln: Phaidon.

# Selbstpsychologie und Musiktherapie

*Rosemarie Tüpker*

## 1. Einleitung

Die verschiedenen Musiktherapien, die wir heute im Gesundheitswesen, in einer erweiterten Pädagogik und in der sozialen Arbeit antreffen, unterscheiden sich vor allem durch unterschiedliche theoretische Fundierungen und Anbindungen. So finden sich z. B. in dem kürzlich erschienenen Werk »Schulen der Musiktherapie« (Decker-Voigt 2002) die psychoanalytische Musiktherapie, die morphologisch orientierte Musiktherapie, die Gestalt-Musiktherapie und ihre Variante der integrativen Musiktherapie und solche, die sich psychologisch an amerikanischen Varianten der humanistischen Psychologien orientieren. Daneben finden wir erste Ansätze einer Musiktherapie, die sich an die systemische Theorie anlehnt, und in den USA finden wir auch Musiktherapien, die einer verhaltenspsychologischen Orientierung folgen. In ironischer Zuspitzung ließe sich zusammenfassen, dass sich inzwischen jede psychologische Theorie, die etwas auf sich hält, auch eine Musiktherapie leistet oder umgekehrt, dass es keine psychologische Theorie gibt, die vor den MusiktherapeutInnen sicher ist.

Ein Blick in die kurze historische Entwicklung zeigt, dass die Musiktherapie ursprünglich keine Behandlungsform war, die als Anwendung einer psychologischen Theorie entstanden ist. Vielmehr waren es zunächst Musikerinnen und Musiker, die – vor dem Hintergrund der eigenen Erfahrung im Umgang mit Musik – anfingen, andere mit Musik zu behandeln.

Eine meiner Hypothesen lautet daher, dass sich die Musiktherapie in der alltäglichen Selbstbehandlung durch Musik gründet: Damit sind zum einen die persönlichen Erfahrungen der hilfreichen Wirkungen musikalischen Tuns in eigenen Entwicklungen, Krisen und Konflikten derer gemeint, die später MusiktherapeutInnen wurden, zum anderen die Erfahrungen der Gesellschaft, Musik – wie alle anderen Künste – zur Behandlung der seelischen Grundkonflikte zu nutzen. Beide Erfahrungstypen sind psychologisch als die intrinsischen Grundlagen der Musiktherapie anzusehen und stellen den wirklich neuen Impuls dar, den die künstlerischen Therapien der Psychotherapie geben können (vgl. Tüpker 1998).

Bei der Suche nach Theorien, die den MusiktherapeutInnen halfen, ihre zunächst intuitiven Vorgehensweisen besser zu verstehen und zu reflektieren, kam es auch zu ersten Verknüpfungen mit verschiedenen Ansätzen der Selbstpsychologie und der Objektbeziehungstheorien. Im Folgenden wird einigen wichtigen Verknüpfungen nachgegangen, weitere werden neu formuliert und zur Diskussion gestellt. Abschließend soll die gemeinsame musikalische Improvisation zwischen Patient und Therapeut als das Kernstück der Musiktherapie unter selbstpsychologischen Gesichtspunkten reflektiert werden: als Widerspiegelung innerer Szenen und als Möglichkeit der Heilung durch die umwandelnde Verinnerlichung förderlicherer Selbstobjekte.

Selbstpsychologie wird in diesem Beitrag nicht im engen Sinne, also im Sinne des Werkes von Heinz Kohut (1977, 1981, 1989) verstanden, sondern allgemeiner als eine Psychologie des Selbst, seiner Entwicklung und seiner objektrelationalen Struktur. Als eine wichtige Erweiterung wird daher auch die Selbstpsychologie Daniel Sterns (1992) einbezogen, mit der ein Gesamtentwurf der *gesunden* Selbstentwicklung vorliegt, und durch die eine bisweilen einschränkende Verkopplung von Selbstpsychologie und Narzissmusforschung überwunden ist. Ferner werden die Objektbeziehungstheorien als wichtiger Teil der Selbstpsychologie angesehen, wie Bacal und Newman (1994) dies überzeugend dargelegt haben. Sie werden hier als unverzichtbarer Teil einer neueren Sichtweise der Psychoanalyse des Selbst und seiner Beziehungen einbezogen. Eine konkrete Übersicht über die hier einbezogenen Theorien findet sich auf S. 130. Die Auswahl ergibt sich dabei vor allem auch anhand dessen, was in der musiktherapeutischen Literatur auffindbar war oder zu einem Verstehen der dort beschriebenen Phänomene beitragen konnte.

Gemeinsam ist diesen Richtungen, dass sie das Augenmerk auf das *Dazwischen* menschlicher Beziehungen legen, vor allem jenes, welches den Menschen in seiner frühesten Kindheit gestaltet und dann als ein Selbst in Abgrenzung und im Zusammenwirken mit anderen verinnerlicht wird. Hierin gründet denn auch die Beziehung zur Musik als einer Kunst im Dazwischen, womit an die Ausführungen der letzten Tagung angeknüpft sei (Tüpker 2002a, S. 75–102).

Im Japanischen gibt es für dieses Dazwischen das Wort *Ma:*
Das zugehörige Zeichen

setzt sich zusammen aus den Zeichen für Tür

und Sonne

Zusammen mit dem Zeichen für Mensch

heißt es wiederum Mensch

## Einige Begriffe der Selbstpsychologie
Für die Leser und Leserinnen, die nicht aus dem Kreis der Psychoanalyse kommen, werden vorweg einige der grundlegenderen Begriffe erläutert, weitere werden jeweils im Verlauf des Textes erklärt.

*Das Selbst*
Das Selbst im Sinne der Selbstpsychologie ist eine Gestalt, die wir erfassen können, indem wir uns fragen: Wer (oder was) ist es, der das hier jetzt liest? Dazu müssen wir innehalten und in uns hineinhören. Wer oder was tut das jetzt – oder verweigert es, sich auf so etwas einzulassen:

Das, was uns da antwortet, ist unser Selbst.

Wenn wir uns einfühlen – und nur dann –, stoßen wir in uns auf eine Gestalt, die wir als Zentrum unserer Wahrnehmungen, Empfindungen, Gefühle, Gedanken, Antriebe und Intentionen erfahren und in die zugleich alles Wahrgenommene und Erfahrene einzufließen scheint. So erleben wir diese Gestalt als berührbar, formbar, wandelbar durch das Leben und dennoch als eine lebenslang durchgängige Gestalt, kohärent (in sich zusammenhängend) in Raum und Zeit. Eine Gestalt also mit Geschichte und zugleich eine, die nur in dieser geschichtlichen Entfaltung sich erfüllt. Ein Teil dieser Gestalt ist uns unbewusst.

Zu ergänzen ist, dass wir davon ausgehen, dass auch in jedem anderen Menschen ein solches Selbst antwortet, wenn er oder sie auf diese Art in sich hineinfühlt. Und dass es – nicht immer nur, aber zumindest immer potenziell – auch uns im anderen antwortet, wenn wir uns in ihn einfühlen.

Sprachlich ist hier allerdings auf ein Problem aufmerksam zu machen. Denn wenn wir uns tatsächlich fragen: »Wer oder was ist es, das dies hier jetzt denkt?«, so antworten wir für gewöhnlich mit dem Wort: »Ich«, »Ich bin es« und nicht »Mein Selbst ist es«. Und zu unserem Gegenüber würden wir schlicht sagen: »Du bist es, den ich da erlebe«. Die Psychoanalyse muss sich also fragen lassen, warum sie die Gestalt, um die es hier geht, nicht das »Ich« nennt. Die Antwort ist ebenso einfach wie unbefriedigend, denn sie hat m. E. allein wissenschaftshistorische Gründe: Zum Zeitpunkt, als die Psychoanalyse diese Gestalt als psychologisch bedeutsam entdeckte, hatte sie sozusagen den Begriff des »Ich« schon in einem anderen theoretischen Modell, dem sog. Strukturmodell vergeben (Ich – Es – Über-Ich), und da dieses Modell nicht so ohne weiteres in das neue Modell zu überführen war, wurde ein neuer Begriff gewählt und in der genannten Bedeutung tradiert.

## Objekt, Objektbeziehungen

Ein Objekt gibt es nie ohne ein Subjekt. Es ist das, was dem Subjekt gegenüber tritt. Ein Objekt ist ein Objekt immer nur *für ein Subjekt*, es ist gerade nicht das Ding *an sich*. Insofern ist mit der Bezeichnung Objekt immer eine *Beziehung* gemeint.

Durch Redensarten wie »Jemanden zum bloßen Objekt machen« wird diese Bedeutung von Objekt verstellt. Auch die Art des (pseudo-) wissenschaftlichen Gebrauchs, das Wort »objektiv« als »unabhängig vom Beobachter«, also vom Subjekt des Forschers, zu verwenden, lässt den immer vorhandenen Beziehungsaspekt außer Acht. Den psychoanalytischen Sprachgebrauch vom Objekt kann man daher besser von der Philosophie oder einfacher von unserer Grammatik her verstehen. Wir können einen Satz ohne Objekt bilden, nicht aber ohne Subjekt.

Nehmen wir als Beispiel folgenden Satz: »Fritz liebt Else«. Dieser aus Subjekt, Prädikat und Objekt bestehende Satz kann um das Objekt Else gekürzt werden (»Fritz liebt«). Wird jedoch das Subjekt Fritz weggelassen, so dass »liebt Else« übrigbleibt, handelt es sich nicht mehr um einen vollständigen Satz. Zwar könnten wir dem Sinn folgend den Satz »Else wird geliebt« bilden, jedoch wäre aus grammatischer Sicht nun Else das Subjekt des Satzes.

Im Zusammenhang der kindlichen Entwicklung spricht die Psychoanalyse in diesem Sinne von den Objektbeziehungen des Kindes und meint damit z. B. Mutter und Vater, Geschwister und all die Menschen, die für das Kind (da) sind. Es meint sie mit diesem Begriff aber eben nur insofern sie *für* das Kind in Erscheinung treten. Darin steckt auch der Verweis darauf, dass dieselben Menschen etwa auch Irmgard und Peter sind, ihrerseits Kinder und Enkelkinder von anderen, ein Liebespaar für einander, Arbeitnehmer einer Firma, Verbraucher, Bürger eines Landes etc. Die Bezeichnung Objekt verweist also darauf, dass hier nur ein bestimmter Aspekt einer Person gemeint ist, und dass wir wissen und davon ausgehen, dass diese Person mehr und anders ist, als sie dem Subjekt (dem Kind) erscheint. (So wie z. B. die für das Kind böse Mutter für sich selbst ein leidender Mensch sein kann, für den Ehemann eine gefügige Frau.)

Aus diesem Verständnis entstehen weitere Differenzierungen: *libidinöses Objekt* (Objekt des Sexualtriebes), *Teilobjekte* (wie die gute Brust, die böse Brust, der Penis des Vaters) und eben die

## Selbstobjekte

Selbstobjekte sind die Aspekte einer Beziehung, in der sich z. B. Mutter und Vater als aufbauend, hilfreich, unterstützend, spiegelnd *für das* sich entwickelnde *Selbst* des Kindes erweisen.

Die Mutter als Selbstobjekt ist also eine andere psychologische Einheit als die Mutter als libidinöses Objekt. Sie ist Selbstobjekt, *insofern* sie die für die Selbstentwicklung des Kindes notwendigen Funktionen *im Erleben des Kindes* erfüllt. Sie wird dem Kind zum Selbstobjekt. Das Kind macht sie sich zum Selbstobjekt. Wie diese verschiedenen Einheiten sich zueinander verhalten und welche Formen die Selbstobjekte annehmen können (archaischere und reifere), davon handelt die Selbstpsychologie.

Selbstobjekte werden verinnerlicht und verwandeln sich zu **Selbstsubstanz**. Das heißt, dass sie dann stabil und bleibend ein Teil des Selbst geworden sind. Sie machen das Selbst aus. Obwohl von der Qualität dieser Beziehungen in der frühesten Kindheit daher viel abhängt, ist es erstens so, dass wir auch im weiteren Leben zur Erhaltung unseres Selbst auf Selbstobjekte angewiesen sind, also auf Menschen, die uns im Hinblick auf unser Selbstgefühl unterstützen, spiegeln, anerkennen. Zweitens können wir uns Heilung in der Psychotherapie (in Bezug auf das Selbst) so vorstellen, dass der Therapeut für den Patienten zum Selbstobjekt wird und diese Beziehung umwandelnd verinnerlicht wird, wobei wiederum das Selbst (Selbstsubstanz) sich verändert.

*Selbst-Selbstobjektbeziehungen*

Selbst-Selbstobjektbeziehungen sind – daraus abgeleitet – die Beziehungen zwischen dem Selbst (soweit es sozusagen feste Substanz geworden ist) und den Selbstobjekten, also den Menschen, die für dieses Selbst weiterhin als Selbstobjekte verfügbar sind. Oder vereinfacht ausgedrückt: Selbst-Selbstobjektbeziehungen sind die Beziehungen zwischen einem Menschen und anderen Menschen, die ihn anerkennen und spiegeln.

*Selbstobjektfunktion*

Selbstobjektfunktion meint über die zwischenmenschliche Beziehung hinaus die Erfahrung, dass mittelbar auch anderes die Funktion von Selbstobjekten bekommen kann (z. B. die Musik, aber auch eine Berufstätigkeit, ein Amt), etwas, was dann vom Subjekt (und seiner Umgebung) für einen längeren Zeitraum oder für immer als untrennbar mit dem Selbst verbunden, als Teil des Selbst erlebt wird.

*Übergangsobjekt*

Ein Übergangsobjekt ist zunächst ein vom Kleinkind halb gefundenes, halb geschaffenes Objekt wie ein weiches Ding, ein Tuch, eine Decke, ein »Schnüssel«, das für das Kind eine so wichtige Bedeutung gewinnt, dass es nun nicht mehr verändert, nicht gewaschen werden und nicht verloren gehen darf. Vor allem beim Einschlafen oder wenn das Kind sich verlassen oder unwohl fühlt, hat es zur Stelle zu sein. (Prototypisch ist es mit der Schmusedecke, die die Figur Linus immer mit sich herumträgt, ins Bild gebracht.) Es gibt aber auch nicht-gegenständliche *Übergangsphänome-ne*, z. B. das Lallen, klangliche Laute oder eine wiederkehrende Bewegung. Es ist *der* erste Nicht-Ich-Besitz des Kindes. Es ist möglich nur im Einvernehmen *zwischen* Kind und Familie: Sie muss die Bedeutung dieses Dinges für das Kind teilen und »mitspielen«. Es wird innig geliebt und muss zugleich alle zerstörerischen Attacken unbeschadet überstehen. Es liegt in der Entwicklung *zwischen* Daumenlutschen oder Schnuller und Teddy oder Puppe. Es ist nicht nur innen und nicht nur außen, sondern dazwischen, an der Grenze. Es schafft und ist *Übergangsraum* zwischen innen und außen, Ich und Nicht-Ich. Es steht für das Objekt der ersten Beziehung (Mutter, Brust) und ermöglicht die zeitweise Trennung von ihm. Es ist noch kein Symbol, aber aus ihm entstehen die Symbole. Es ist der Beginn eines *intermediären Raumes*, an den Kunst und Kultur anknüpfen.

## 2. Selbstpsychologische Ansätze in der musiktherapeutischen Literatur

### 2.1 Mary Priestley: Der Beginn der psychoanalytischen Musiktherapie

Für die Entwicklung der Musiktherapie in der Bundesrepublik standen im Wesentlichen Mary Priestley (1975/dt. 1982, 1980/dt. 1983) aus England und Paul Nordoff (Nordoff/Robbins 1971/dt. 1975, 1977/dt. 1986) aus den USA Pate. Mary Priestley als Begründerin der psychoanalytischen Musiktherapie war, neben ihrer künstlerischen Herkunft als Geigerin, geprägt von der Diskussion der psychoanalytischen Kreise um Melanie Klein in London, einer Autorin, die wir als eine der frühen Objektbeziehungstheoretikerinnen bezeichnen dürfen. Wenn auch Kleins starke triebpsychologische Fundierung hier nicht geleugnet werden soll, so zeigt ihr theoretischer Beitrag mit der *schizoiden Position* und ihrer Überwindung mit der Wiedergutmachungstendenz in der *depressiven Position*[1] deutlich selbstpsychologische Ansätze wie auch die

---

[1] Als erstes längeres Fallbeispiel aus der Musiktherapie knüpft der von mir beschriebene Behandlungsverlauf »Hans« an diese Positionen an. Die Behandlung endet nach 60 Stunden durch äußere Umstände vorzeitig, aber mit dem »Gewinn der Trauer« und der Überwindung der Position der Spaltung (vgl. Tüpker 1996, S. 109-210).

Einführung des Begriffs der *projektiven Identifikation* und der Weiterentwicklung in dem Begriffspaar *Container – Contained* durch Bion.

Mit der *schizoiden Position* ist eine gespaltene seelische Verfassung gemeint, in der die als *gut* und *böse* erlebten Seiten einer wichtigen Beziehungsperson so voneinander getrennt gehalten werden, dass sie nicht als zu einem Ganzen gehörig erlebt werden: Als Partialobjekte erscheinen dann im Erleben etwa die gute und die böse Brust. Aus den Märchen kennen wir die gute (verstorbene, das meint: nicht erreichbare) Mutter und die böse Stiefmutter oder Hexe. Mit der *depressiven Position* wird diese Spaltung aufgehoben, was mit einem depressiven Erleben verbunden ist, der Trauer über den Verlust der nur guten Mutter, und mit der Tendenz der Wiedergutmachung einhergeht: Diese bezieht sich auf den in sich selbst erlebten Hass gegen die böse Mutter, der nun – unter der Erkenntnis, dass die böse Mutter auch die gute Mutter ist – in einen Ambivalenzkonflikt gerät. Die Überwindung der Spaltung geschieht zugleich im eigenen Selbst: Das Kind muss sich damit auseinandersetzen, dass auch es selbst gute (liebende) und böse (hassende, zerstörerische) Anteile hat. Nach Melanie Klein durchläuft jedes Kind diese Positionen im Sinne einer normalen Selbstentwicklung (1972), was von der neueren Säuglingsforschung (Stern 1992, S. 346f.) bestritten wird. Die Auseinandersetzung darüber ist nicht abgeschlossen. Konsens ist die klinische Erfahrung, dass diese Erlebensformen im Zusammenhang mit bestimmten Krankheitszuständen regelmäßig auftreten, dass es somit mögliche Organisationsformen des Erlebens sind.

Von diesen – durch den Umgang mit frühem Material geprägten – Sichtweisen der Psychoanalyse her ließen sich die Erfahrungen der Musiktherapie besser verstehen und aushalten. Gerade weil Priestley vorrangig mit schwer gestörten psychiatrischen PatientInnen arbeitete, begegnete sie dem Wiederauftauchen der von Klein beschriebenen Mechanismen in der gemeinsamen musikalischen Improvisation. Durch die enge personale Verwobenheit, die in dieser Form der Kommunikation entsteht, eignet sich die Musik im doppelten Sinne für die Ausbreitung solch früher Formen des Erlebens und der Beziehungsgestaltung im aktuellen Geschehen.

Zum einen kann die musikalische Gestaltung selbst Ausdruck abgespaltener Selbstanteile werden. Das freie gemeinsame Musizieren schafft hier als Ergänzung im therapeutischen Prozess eine hilfreiche Verfassung für diese Formenbildungen und Mechanismen. So kennen wir in der Musiktherapie viele Beispiele, in denen ein außenstehender Hörer der entstandenen Musik beispielsweise die archaische Wut, Verzweiflung oder Leere durchaus anhört, der Spieler selbst dies aber nicht so erlebt, bisweilen auch nachher nicht hört, wenn ihm die eigene Musik vom Band dargeboten wird. Oder aber der Patient lehnt die nachträglich gehörte Musik ab und kann dennoch eine ähnliche Musik weiterhin lustvoll produzieren.

Zum anderen tauchen diese frühen Erlebensstrukturen sehr schnell in der therapeutischen Beziehung auf. Priestley beschreibt hier Phänomene, die sie selbst als empathische oder Echo-Gegenübertragungen bezeichnet (Priestley 1983, S. 50). Vor allem während des musikalischen Zusammenspiels erlebt sie abgespaltene Empfindungen des Patienten bis hin zu somatischen Manifestationen. Als Besonderheit der Musiktherapie gegenüber der Psychoanalyse hebt sie hervor, dass es in der gemeinsamen Musik möglich sei, diesen Gefühlen stellvertretend Ausdruck zu verleihen (a. a. O., S. 52). Die Musik nimmt hier m. E. eine besondere Zwischenposition ein, da sie für das Bewusstsein des Patienten weniger »aufdringlich« ist als dies eine Deutung in Worten wäre, aber dennoch eine wahrnehmbarere Manifestation darstellt als die noch unausgesprochenen Empfindungen und Gedanken des Analytikers im Kopf.

Priestley vergleicht ihre Erfahrungen des empathischen Mitspielens in der Improvisation mit den Resonanzsaiten eines Instrumentes, die »nicht direkt gezupft, geschlagen oder gestrichen werden«, aber den Ton »durch ihr bloßes Mitschwingen« (Priestley 1982, S. 157) bereichern. Diese »Resonanzseite« des Therapeuten beschreibt sie in verschiedenen Facetten:

> »Es kann sich um ein sympathiegetragenes Mitschwingen des Therapeuten mit Gefühlen handeln, die dem Klienten noch gar nicht bewußt sind – der Therapeut kann ihm diese Gefühle durch seine Musik und später auch mit Worten bewußt machen. Es kann eine Schwingung sein, die dem Klienten auf geheimnisvolle Weise eine Bejahung seiner Existenz vermittelt, die ihm früher von anderen Menschen bewußt oder unbewußt versagt wurde« (a. a. O., S. 157).

Das erinnert an die Beschreibungen Kohuts über die »Resonanz im mütterlichen Selbstobjekt«, welches in affektiv gespannten Situationen »Berührungs- und/oder Sprechkontakt mit dem Kind« herstellt: »Die Mutter nimmt das Kind auf und spricht mit ihm, während sie es hält oder trägt« (Kohut 1981, S. 84). Die sprachliche Formulierung »Resonanz *im* ...« anstelle der einfacheren Fassung »Resonanz *der* Mutter« scheint dabei auszudrücken, dass die Person der Mutter, oder zumindest ihr Bewusstsein, dabei umgangen wird. So als gerate – ausgelöst durch das Kind – etwas in ihr in Mitschwingung, ob sie es nun will oder nicht. (Theoretisch heißt das korrekter, nur indem dies geschieht, kann sie dem Kind Selbstobjekt werden.) Unabhängig davon, ob dies von Kohut sprachlich so intendiert ist, verweisen MusiktherapeutInnen, nach der Art ihres Mitspielens mit dem Patienten befragt, auf genau diese Art der seelischen Verfassung hin. Oft wird sie mit dem Begriff der *schwebenden Aufmerksamkeit* zu umschreiben versucht, impliziert aber eine stärkere Aktivität. Das wahrgenommene Spiel der PatientInnen scheint in diesen Kontakten eine musikalische Resonanz unter Umgehung des Bewusstseins auszulösen, aus der heraus etwas direkt *im* Therapeuten musikalisch zu reagieren scheint. Formulierungen wie »Das kam mir dann einfach so in die Finger« oder »Ich habe mich selbst gewundert, was ich da gespielt habe« verweisen darauf, dass sich im musikalischen Spiel eine Art Kommunikation von Unbewusstem zu Unbewusstem einstellt. Diese ist gebunden an die individuelle Resonanzfähigkeit des Therapeuten, also abhängig davon, auf was der Therapeut innerlich reagieren kann und worauf nicht und an seinen musikalisch-kulturellen Hintergrund.

Ist er z. B. musikalisch vertraut mit den seelischen Verfassungen des modernen Menschen, wie sie in die Formenbildung und Ausdruckserweiterung der Neuen Musik eingegangen ist, so ist er in der Lage, diese *im* Spiel des Patienten zu hören und musikalisch zu beantworten. Das hat nichts damit zu tun, ob der Patient selbst diese Musik gerne hören würde, wovon zumeist eher nicht auszugehen ist. Der musikalische Hintergrund des Therapeuten ist eine Erweiterung der individuellen Resonanzfähigkeit, aber natürlich auch eine Begrenzung. Deshalb ist auch die Musiktherapie als interkulturelle Psychotherapie nur unter besonderer Reflexion der kulturellen Unterschiede auch im unbewussten Erleben möglich.

Die Beschreibungen Priestleys lassen aber auch an die therapeutische Qualität denken, die Winnicott mit dem Begriff *holding function* beschrieben hat. Dieses Halten muss man sich sowohl direkt im körperlichen Sinne vorstellen als auch im übertragenen: Die Mutter hält das Kind auf dem Arm, es bewegt sich vielleicht heftig oder lässt sich hintenüber kippen, schlägt vielleicht sogar wild nach ihr oder sticht ihr neugierig erkundend ins Auge, aber es erfährt, dass sie es dennoch nicht fallen lässt. Aber wir verstehen die Funktion auch als Halt geben, Aushalten von Affekten, stützen und begrenzen, woraus sich das Grundgefühl entwickeln kann, einen Halt, eine stabile Grundlage im Leben zu haben. Seelische und körperliche Erfahrung hängen hier unmittelbar miteinander zusammen, das eine scheint aus dem anderen hervorzugehen. In der Musik nun scheint es auf besondere Art und Weise möglich zu sein, solche frühen Situationen, die ja mit einem erwachsenen Patienten im wörtlichen Sinne nicht mehr möglich sind, in der musikalischen Formenbildung herzustellen. Hierzu trägt unter anderem die Gleichzeitigkeit im musikalischen Geschehen (im Unterschied zur Sprache) bei. Musikalisch lassen sich Verhältnisse komponieren wie:

– Eine *tragende* Basslinie und darüber eine frei sich entfaltende Melodie.
– Kontrapunktierende Melodien *eingebettet* in ein harmonisches Gerüst. Das heißt auch: Gegensätzliches kann harmonisch gebunden sein.
– Wir sprechen von *stützenden* Akkorden, kennen die *Bindung* an eine Tonalität.
– Wir können einen *wiegenden* Grundrhythmus hören, über dem sich die Offenheit einer atonalen, *schwebenden* Melodik entfaltet.
– Oder die Sicherheit eines *tragenden* Pulses, darüber komplexe synkopendurchsetzte Rhythmen.

Auch wenn wir es vermeiden sollten, solche musikalischen Verhältnisse nun wörtlich in frühe Mutter-Kind-Interaktionen zu übersetzen, so lässt sich diesen Formulierungen dennoch anmerken, welche Erfahrungsebenen sich musikalisch manifestieren und damit in der Musik erlebt werden können.

Als terminologische Weiterentwicklung der projektiven Identifikation können wir das Bionsche Begriffspaar *container – contained* (Bion 1990) auffassen, welches ebenfalls von Priestley in die Musiktherapie eingeführt wird und die musiktherapeutische Entwicklung stark beeinflusst hat. Bion selbst stellt die inhaltliche und terminologische Verbindung dieser Begriffe her:

»Melanie Klein hat einen Aspekt der projektiven Identifikation beschrieben, der sich auf die Modifikation infantiler Ängste bezieht: Das Kind projiziert einen Teil seiner Psyche, nämlich seine schlechten Gefühle, in eine gute Brust. Von dort werden sie zum geeigneten Zeitpunkt zurückgeholt und reintrojiziert. Während ihres Aufenthaltes in der guten Brust sind sie derart verändert worden – jedenfalls erlebt das Kind sie so –, daß das Objekt, das reintrojiziert wird, für die Psyche des Kindes erträglich geworden ist. Zum Gebrauch als Modell werde ich von der oben stehenden Theorie die Idee eines Behälters (container) abstrahieren, in den ein Objekt projiziert wird, sowie des Objektes, das in den Behälter projiziert werden kann; letzteres werde ich mit dem Ausdruck »Gehalt«(contained) bezeichnen. Die Unzulänglichkeit beider Ausdrücke weist auf den Bedarf nach weiterer Abstraktion hin«(Bion 1990, S. 146).

Dem häufiger diskutierten zusätzlichen Übersetzungsproblem (vgl. Lazar 1993, S. 68f.) dieser Begriffe möchte ich selbst hier mit dem Vorschlag der deutschen Wortgruppe um das Wort *fassen* begegnen. Die Begriffe *Gefäß, Fassung, das Fassende* und *das Gefasste, etwas fassen* und *erfassen*, haben m. E. eine dem englischen Original vergleichbare Vielschichtigkeit inne. Die übliche Übernahme des englischen Wortes Container im deutschen Sprachraum hat aus meiner Sicht den Nachteil einer schwer wegzudenkenden negativen Konnotation: »Der Therapeut als Container« klingt immer ein wenig nach einem großen Müllbehälter.

In der Musiktherapie lässt sich dieses therapeutisch wirksame Aufnehmen und Verwandeln archaisch aggressiver Tendenzen von verschiedenen Aspekten her verstehen. Als *Gefäß* (container) können wir dabei zum einen die Musik selbst verstehen, in die nicht integrierte infantile Angst, Hass, Wut oder primäre Verwirrung fließen können. Schon *indem* diese Affekte – mit Hilfe des Therapeuten – *zu* Musik werden, ist dies mehr als eine Projektion, da die materiale Manifestation über das Subjektive, welches der Projektion im ursprünglichen Sinne innewohnt, hinaus weist: Sie werden in der Musik objektiviert bzw. ins Intersubjektive transformiert, so dass auch ein Dritter das so Gefasste hören und nacherleben kann. Der in Musik transformierte Affekt wird in der musikalischen Form auch zum *Effekt*, indem er eine bestimmte Wirkung erlangt. Zugleich ist der in Musik *gefasste* (contained) Affekt ja immer schon verwandelt – im Sinne, dass er Klang, musikalische Struktur, Form geworden ist und damit zugleich seine durchstrukturierte und abgegrenzte *Fassung* gefunden hat. Fassung also nicht als bloße äußere Umgrenzung (als Einfassung), sondern als innere Strukturierung, wie wir dies umgangssprachlich ausdrücken in Formulierungen wie »Endlich fand er seine Fassung wieder« oder »Nun fassen Sie sich doch erst einmal«. Eine Fassung, eine Form finden, ist hier gleichbedeutend mit *sich* fassen, bei sich sein, sich finden; Formverlust mit sich selbst verlieren, »nicht ganz bei sich sein«, wie der Jargon es nennt. Indem es jemandem gelingt, seinen Affekt in Musik zu fassen, gibt die Musik nicht nur dem Affekt eine Fassung, sondern hilft auch, dass der Spieler sich selbst fassen kann. Im Ausdruck kann der Affekt seine Form und der Spieler (zu) sich selbst finden. Psychoanalytisch formuliert kann damit sowohl die Seite einer strukturellen Veränderung als auch die einer Stabilisierung der Abwehr erreicht werden.

*Container – Contained* bezieht sich in der Musiktherapie aber auch – hier wie in anderen Therapien – auf die Person des Therapeuten. Indem der Therapeut in der musikalischen Improvisation mit seinem Patienten mitspielt, hilft er zum einen – mittels seiner musikalischen Ausbildung – , dass diese Umwandlung in Musik gelingt, zum anderen wird er aber auch als Person zum *Gefäß*. Wenn nötig, bewahrt er das ihm so Übergebene, bis es, zugleich verwandelt – »entgiftet«, wie es bei Bion heißt –, in ein gestärktes Selbst integriert werden kann. Damit kann dann neben der musikalischen Mitteilung auch die verbale Deutung gemeint sein.

Aus Sicht des Musiktherapeuten ist nach meiner Ansicht ein Drittes zu berücksichtigen: Die eigene verinnerlichte Erfahrung mit Musik hilft dem Therapeuten, diese Anteile des Patienten auszuhalten und so zu bewahren, dass sie weder den Patienten zerstören (im Sinne ausgelebter negativer Gegenübertragung) noch den Therapeuten selbst. Gemeint ist damit die Hypothese, dass die Übung im Musikalischen den Musiktherapeuten gelehrt hat, mit heftigen, archaischen Impulsen formend umzugehen, indem sie in Musik verwandelt werden und dort aufgehoben sind. Mit Bion (1990) formuliert beinhaltet dies die Behauptung, dass die musikalische Erfahrung – unterstützt durch die musiktherapeutische Selbsterfahrung – die so genannte »negative capability« stärkt, also die Fähigkeit, Ambivalentes, Paradoxes, Befremdendes, Verwirrendes und Unverstandenes auszuhalten, auch wenn es noch nicht erklärt oder integriert werden kann. Interessanterweise übernahm Bion diesen Begriff aus der künstlerischen Erfahrung von dem Poeten John Keats.

Da es ein Charakteristikum der (westlichen) musikalischen Ausbildung ist, Kompositionen nachzuspielen, zu interpretieren, wie es in der musikalischen Fachsprache heißt, greift der so ausgebildete Musiktherapeut daher in diesem Prozess nicht nur auf seine persönlichen Umwandlungsprozesse von Psychischem in musikalische Struktur zurück, sondern mittelbar auch auf das im intensiven Übeprozess verinnerlichte Potenzial der ihm verfügbaren musikalischen Kultur. Insofern ist er auch Vermittler zwischen dem Patienten und dem, was sich eine musikalische Kultur an Behandlungshilfe für das Seelische erarbeitet hat. Musiktherapie als klinische Behandlung gründet so in der alltäglichen Selbstbehandlung der Gesellschaft mit Musik (vgl. Salber 2001, S. 17f.; Tüpker 2001b, S. 6ff.).

## 2.2 Paul Nordoff: Music Child

Paul Nordoff, der zweite Nestor der Musiktherapie, war ein Musiker, der als Komponist und Pianist mit psychologischen Theorien im Grunde genommen wenig zu tun hatte. Die später gewählten Theoriebezüge aus der amerikanischen humanistischen Psychologie greifen so auch nur sehr begrenzt die musikalischen Erfahrungen auf und können sie m. E. nicht angemessen psychologisch beschreiben. Dieser Behauptung soll hier aber nicht näher nachgegangen werden.

Nordoff arbeitete musiktherapeutisch – unterstützt von dem Heilpädagogen Clive Robbins – mit schwer mehrfach behinderten Kindern. Der zentrale Begriff, den er prägte und der seine wohl tiefste Erfahrung mit diesen Kindern zusammenfasst, ist der Begriff des *Music Child*. Gemeint ist damit die Erfahrung und Überzeugung, dass in jedem Kind etwas vorhanden ist, was »auf musikalisches Erleben anspricht und es als bedeutungsvoll und fesselnd empfindet« und was die Entstehung einer musikalischen Beziehung in der Improvisation ermöglicht. Gemeint ist die Erfahrung, dass es möglich ist, durch alle primären Behinderungen und sekundären Schädigungen *hindurch*, diesem *Music Child* zu begegnen. »*Music Child* steht als Oberbegriff für die Tiefe, Intensität, Vielfalt und Intelligenz der Reaktionen von einigen hundert behinderten Kindern in der musikalischen Interaktivität« (Nordoff/Robbins 1986, S. 1).

In den Ausführungen sowie in den Praxisbeispielen Nordoffs ist deutlich zu erkennen, dass das, was er hier innerhalb der musikalischen Begegnung erfahren hat, als ein unbeschädigter Kern eines Selbst, ein unbeschädigt bewahrter Ansatz eines Selbst aufzufassen ist, den es aufzufinden gilt und der paradoxerweise zugleich in der Beziehung selbst erst zu entstehen scheint. So heißt es zum einen: »Von daher ist das *Music Child* die jedem Kind angeborene individuelle Musikalität« (a. a. O.). Und andererseits: »Oft sind (...) die musikalischen Reaktionen anfangs bruchstückhaft oder reflexhaft« oder sie treten als »stereotypes, beharrliches oder zwanghaftes musikalisches Verhalten« auf. »Hier kann man noch nicht vom *Music Child* sprechen. Erst dann, wenn sich ein kommunikatives Gerichtetsein (im englischen Original »responsiveness«, RT) oder eine gewisse Ordnung in den Reaktionen, eine gewisse Aufnahmefähigkeit oder Befreiung von einschränkenden Gewohnheiten entwickelt, kann man davon sprechen, daß das *Music Child* »erwacht« oder gebildet wird« (a. a. O.).

Gerade diese Paradoxie des Vorhandenseins und Entstehens erinnert an die Definitionsversuche des Selbst durch Kohut und an die Beschreibungen Sterns zum auftauchenden Selbstempfinden. So schreibt Kohut:

> »Gewiß wir müssen (...) annehmen, daß das neugeborene Kind keinerlei reflektives Bewußtsein seiner selbst haben kann, daß es nicht fähig ist, sich selbst, und sei es noch so schemenhaft, als eine im Raum kohärente und in der Zeit andauernde Einheit zu erfahren, die Ausgangspunkt von Antrieben und Empfänger von Eindrücken ist. Und doch ist es von Anfang an mittels gegenseitiger Empathie mit einer Umgebung verschmolzen, die es so erlebt, als hätte es bereits sein Selbst – einer Umgebung, die nicht nur die spätere Selbst-Bewußtheit des Kindes vorwegnimmt, sondern auch, allein schon durch Form und Inhalt ihrer Erwartungen, es in spezifische Richtungen zu lenken beginnt« (Kohut 1981, S. 95).

Stern stellt sich in seinen Ausführungen die Frage:

> »Welche Art des Selbstempfindens ist während dieser ersten Phase möglich? Der Gedanke, daß ein Selbstempfinden in diesem sehr frühen Stadium überhaupt schon existiert, wird gemeinhin verworfen (...), weil man es für gewöhnlich einem übergreifenden und integrativem Schema, einem Konzept oder einer allgemeinen Perspektive auf das Selbst vorbehält. (...) Daher verstehen sie das Selbstempfinden zumeist als *Resultat* dieser Integrationssprünge. Wie aber verhält es sich mit dem *Prozeß* selbst (...)? Ist der Säugling in der *Lage*, die Herausbildung von Organisation zu erleben, oder nimmt er nur die entwickelte Organisation wahr, über die er bereits verfügt? Ich meine, daß er den Prozeß ebensowohl wie das Resultat zu erleben vermag, und bezeichne das Wahrnehmen einer auftauchenden Organisation als das *auftauchende Selbstempfinden*« (Stern 1992, S. 71f.).

Selbstpsychologisch stellt sich hier eine ebenso interessante wie schwierige Frage: Wenn durch eine schwere geistige Behinderung oder im Falle schwerster autistischer Störungen davon auszugehen ist, dass auch die primären Beziehungen massiv gestört waren – und gerade von psychoanalytischer Seite ist davon auszugehen, dass dies häufig, wenn nicht in der Regel, der Fall ist (vgl. Niedecken 1989; Heinemann/Groef 1997) –, kann es dann so etwas wie einen unzerstörten, gesunden Kern[2] des Selbst geben, wie er in der Beschreibung des *Music Child* anklingt? Oder anders formuliert: Wenn auch die primären Beziehungen, die elterliche Empathie von Anfang an *behindert* waren, wenn der »Glanz im mütterlichen Auge« getrübt war durch Scham, Wut oder Verzweiflung, wenn mehr Selbst zerstörende als etablierende Beziehungen erlebt und als Selbstobjekte (bzw. ihr Negativum) verinnerlicht wurden, lässt sich dann überhaupt ein Etwas auffinden, welches *geweckt* und entwickelt werden kann? (Dieser Gedanke schließt hier auch die pränatale Zeit und die Wirkung sowohl realer Schädigungen durch körperliche Störungen des Kindes oder der Mutter, überlebte Abtreibungsversuche, traumatisch wirkende medizinische Maßnahmen ein als auch die Wirksamkeit negativer, unbewusster Phantasien über das noch ungeborene Kind, z. B. bei einer Schwangerschaft nach einer Vergewaltigung.)

Wenn das Selbst stabil gewordene Struktur aus dem Stoff der erlebten und verinnerlichten Selbstobjektbeziehungen ist, und Selbstobjekte als diejenigen Beziehungen definiert sind, »die das Selbstgefühl wecken, aufrechterhalten oder positiv beeinflussen« (Bacal 1994, S. 279), so kann es einen unzerstörten oder »gesunden« Kern eines Selbst unter den genannten Voraussetzungen theoretisch gar nicht geben. Die Theorie scheint also hier gegen die Existenz eines Phänomens zu sprechen, welches aber in der Praxis dennoch auftaucht.

Von der Annahme eines unzerstörbaren Kerns scheint auch Winnicott auszugehen, gerade auch im Zusammenhang mit der Kreativität:

> »Im Extremfall besteht ein relativer Mangel beim Aufbau individueller kreativer Lebensmöglichkeiten von Anfang an. Wie ich bereits bemerkt habe, hat man von der Möglichkeit auszugehen, daß es eine völlige Zerstörung der kreativen Lebensfähigkeit eines Menschen nicht geben kann und daß selbst in Fällen äußerster Angepaßtheit und bei fehlgeschlagenem Persönlichkeitsaufbau irgendwo im Verborgenen ein geheimer Lebensbereich besteht, der befriedigend ist, weil er kreativ ist und dem betreffenden Menschen entspricht. Er ist nur insoweit unbefriedigend, wie er verborgen ist und nicht durch lebendige Erfahrung bereichert wird« (Winnicott 1993, S. 81).

---

2  Der Begriff Kern des Selbst ist hier als innerster Ausgangspunkt, Keim oder Ansatz gemeint und nicht zu verwechseln mit den jeweils unterschiedlich definierten Begriffen des »Kernselbst« bei Kohut oder Stern.

Eine andere theoretische Lösung der beschriebenen Paradoxie bietet der Begriff des Phantasie-Selbstobjektes von Bacal an, welches »ein Selbstobjekt [beschreibt], das nahezu ausschließlich durch die Fähigkeit zur Illusion *geschaffen* wird, und zwar in einer Kernumwelt, die auf die spezifischen Selbstobjekt-Bedürfnisse des Individuums kaum adäquat einzugehen vermochte (...)« (Bacal/Newman 1994, S. 242). Allerdings könnte man auch fragen, ob sich das Problem damit nicht lediglich verschiebt, indem sich wiederum die Frage stellt, aus welcher Quelle das Selbst das aufbauende Potenzial zu einer solchen Schöpfung nimmt.

Ein Ausweg aus dieser misslichen Lage ist erkennbar, wenn wir uns die Paradoxie des Selbstbegriffes vor Augen führen und sie als solche – auch in der Theorie – akzeptieren. Bei Kohut entsteht das Selbst zwar erst durch die Selbstobjekte, aber er betont auch, dass dazu die kindliche Umgebung *so tun müsse*, als *habe* der Säugling bereits ein Selbst. (Vielleicht müssten wir besser sagen, als *sei* er ein Selbst.) Auch hier haben wir im Grunde die paradoxe Situation, dass die Umgebung nur dann angemessen empathisch reagiert, wenn sie in ihrem Erleben der Theorie widerspricht.

Die Psychoanalyse hat dementsprechend die Existenz eines solchen Keimes des Selbst in immer frühere Entstehungszeit zurück verlegt. So spricht Stern von dem Begriff des auftauchenden Selbstempfindens von Geburt an: »Ich komme zu dem Ergebnis, daß der Säugling während der ersten zwei Monate aktiv ein Empfinden seines auftauchenden Selbst entwickelt. Es ist das Empfinden einer im Entstehen begriffenen Organisation, und es ist ein Selbstempfinden, das während des gesamten weiteren Lebens aktiv bleiben wird« (Stern 1992, S. 61). Die Ergebnisse und Hypothesen der pränatalen Psychologie (Janus 2000; Wilheim 1995) drängen zum Nachdenken über die Frage, wie die Anfänge des Selbst vor der Geburt zu konzeptualisieren sind, wenn es doch deutliche Zeichen für eine Wirkung vorgeburtlichen Erlebens auf das Selbstempfinden gibt.

Ich selbst würde an dieser Stelle den Begriff *Keimselbst* vorschlagen, um damit auszudrücken, dass es von Beginn[3] an im Kind etwas gibt, was

---

[3]  Mit dieser Formulierung lasse ich den Anfang bewusst unbestimmt, aus der Überzeugung heraus, dass die erste Seite sich stets dem Aufschlagen entzieht – wie Sloterdijk es mit einer Geschichte von Borges beschreibt: »Er (...) forderte mich auf, die erste Seite zu suchen. Ich legte meine linke Hand auf den Einband und schlug das Buch auf, indem ich den Daumen gegen den Zeigefinger

durch die Selbst-Selbstobjektbeziehungen (durch das Zusammenspiel mit einer empathischen Umgebung) ins Leben gerufen wird, welches selbst aber jenseits dieser Beziehungen anzusiedeln ist. Nur das Zusammentragen klinischer (und anderer menschlicher) Erfahrungen kann darüber hinaus die Frage beantworten, ob dieses Keimselbst tatsächlich unzerstörbar ist. Erfahrungen wie die von Nordoff beschriebenen zeigen zumindest, dass dieser Keim auch in späterem Alter im heilenden Sinne zu einer Beziehungserfahrung angeregt werden kann.

Das *Music Child* möchte ich vor diesem Hintergrund verstehen als *einen* Aspekt des Keimselbst, in dem Sinne, dass musikalische Resonanz eine der Möglichkeiten ist, ein schwer zugängliches (oder verschüttetes) Keimselbst zu erreichen und *zur Beziehung* zu wecken. Andere musiktherapeutische Erfahrungen kommen hier in den Sinn, etwa solche aus der Arbeit mit komatösen oder apallischen Patienten, mit Menschen in der Endphase einer Demenz oder mit Sterbenden (vgl. Gustorff/ Hannich 2000; Dehm-Gauwerky 2000, 2001). Hier können wir uns einen Rückzug des Seelischen auf das Keimselbst vorstellen, was wiederum die Vorstellung der Unzerstörbarkeit stützt bzw. nur von dieser aus denkbar wird.

### 2.3 Musik als Übergangsobjekt – Musik als Spielraum

Von weiteren Konzepten aus dem Umfeld der Objektbeziehungs- und Selbstpsychologie, die inzwischen zur Konzeptualisierung der musiktherapeutischen Erfahrung herangezogen wurden, möchte ich hier nur diejenigen aufgreifen, die eine stärkere Bedeutung zu erzielen beginnen.

Als erstes ist hier der Winnicottsche Begriff des *Übergangsobjektes* (Winnicott 1993) zu nennen, den ich hier mit Bacal als eine besondere Funktion eines Selbstobjektes auffassen will. Damit ist gemeint, dass die Bedeutung des Übergangsobjektes sich vor allem auf den sich gestaltenden Zwischenraum von Selbst und Anderen, von Ich und Welt bezieht.

Der Begriff des Übergangsobjektes wurde in der Musiktherapie von Anfang an einerseits im Zusammenhang mit der psychologischen Bedeutung der Musikinstrumente herangezogen: »Wenn wir uns nun vorstel-

---

drückte. Meine Bemühung war umsonst: es blieben stets einige Seiten zwischen dem Buchdeckel und meinem Daumen übrig. Sie schienen aus dem Buch zu entspringen« (Borges zitiert nach Sloterdijk 1988, S. 32).

len, daß die Patienten, mit denen wir arbeiten, nicht fähig sind zur echten Objektbeziehung, (...) dann wird klar, daß Musikinstrumente als Übergangsobjekte dienen können. Dies gilt vor allem für solche Instrumente, die sowohl gestrichen (gestreichelt) als auch in aggressiver Weise gezupft werden können« (Füg 1980, 13). Hervorzuheben ist hierbei die Einschränkung, dass die Instrumente diese Bedeutung haben *können,* das heißt, es können auch andere Funktionen im Vordergrund stehen. So können Instrumente z. B. auch eine libidinöse Besetzung erfahren. Es ist also hier keine Eins-zu-Eins-Zuordnung gemeint, sondern eine sich vom Gegenstand in Verbindung mit der therapeutischen Situation anbietende Funktion, die vom Patienten in dieser Weise genutzt werden kann.

Auch G. K. Loos, die eine Verbindung zwischen Musik- und Körpertherapie schuf, betrachtet »das Musikinstrument als Übergangsobjekt«. In Anknüpfung an das Übergangsphänomen des Lallens, betont Loos dabei, dass auch der »musikalische Klang den Charakter eines Übergangsobjektes bekommen« kann (Loos 1986, S. 148). Mit dem Titel ihres Buches »Spiel – Räume« (1986) stellt sie die für die Musiktherapie durchgängig bedeutungsvolle therapeutische Funktion des Spielens und des darin entstehenden Entwicklungsraumes in den Vordergrund, was von vielen Musiktherapeuten immer wieder aufgegriffen wird.

Im Zuge der musiktherapeutischen Konzeptionalisierung finden wir denn auch besonders häufig Anknüpfungen an die umfassendere Konzeption des *Übergangsraumes oder intermediären Raumes* und der Musik als *Spiel,* die sich nicht auf die Instrumente direkt bezieht, sondern auf den Spielraum, der in der musikalischen Improvisation entsteht. »Von diesem intermediären Raum aus findet der kreative Prozeß statt, oder anders gesagt, können Identitätsänderungen initiiert werden. Darum ist es so wichtig, »Raum« zu schaffen für die Regressionsbedürfnisse mancher Patienten und diese hinreichend zu unterstützen« (Füg 1980, S. 14). »Die Musiktherapie fördert mit dem Improvisieren eine Verfassung des Übergangs, des Spielens und begünstigt damit die Entstehung von Spielraum und neuen Bewegungsmöglichkeiten« (Weymann 1990, S. 90). Spielraum wird dabei verstanden als ein »bewegliches Ineinander von Wirkungen« (a. a. O., S. 88). Weymann ordnet dabei das Spiel zwischen Chaos auf der einen und Zwang auf der anderen Seite an (a. a. O., S. 89). Metzner bezeichnet in dem neuesten Überblicksartikel zur psychoanalytischen Musiktherapie die Theorie der Übergangsphänomene neben der Symboltheorie Lorenzers als den bewährtesten Ansatz in der Musiktherapie (Metzner 2002, S. 36).

In der Musiktherapie mit Kindern taucht das Spiel dann in einem zweifachen Sinne auf: als musikalisches Spiel und als Spielen im üblichen Sinne (Kinderspiel). So wie der Austausch von Musik und Sprache ein wesentliches Agens der musiktherapeutischen Behandlung ist, kennzeichnen diese beiden Formen des Spielens die Kindermusiktherapie (vgl. Irle/Müller 1996, S. 13ff. und S. 117ff.; Mahns 2003).

Winnicott selbst hat mit der Verbindung von Übergangsraum – Spiel – Kreativität und kulturellem Erleben der Musiktherapie wertvolle theoretische Vorgaben gemacht, an die viele MusiktherapeutInnen anknüpfen. Manche Formulierungen Winnicotts werden von MusiktherapeutInnen bisweilen wie eine direkte Begründung der Musiktherapie gelesen (was die Sache allerdings unberechtigt vereinfacht):

> »Ich gehe von dem Grundsatz aus, daß sich Psychotherapie in der Überschneidung zweier Spielbereiche vollzieht, dem des Patienten und dem des Therapeuten. Wenn der Therapeut nicht spielen kann, ist er für die Arbeit nicht geeignet. Wenn der Patient nicht spielen kann, muß etwas unternommen werden, um ihm diese Fähigkeit zu geben; erst danach kann die Psychotherapie beginnen. Der Grund, weshalb das Spielen so wichtig ist, liegt darin, daß der Patient gerade im Spielen schöpferisch ist« (Winnicott 1993, S. 65f.).

Und an anderer Stelle heißt es: »Man sollte sich immer daran erinnern, daß Spielen an sich schon Therapie ist«(a. a. O., S. 62). Sogar außerhalb der tiefenpsychologischen Schulen der Musiktherapie finden wir Anknüpfungen an die Ausführungen Winnicotts zum Spiel, wodurch dieser zugleich eine wichtige Vermittlungsfunktion zwischen psychotherapeutischen und pädagogischen Ansätzen in der Musiktherapie einnimmt (vgl. z. B. Schumacher 2002 im Zusammenhang mit der Orff-Musiktherapie). Kritisch anzumerken ist allerdings auch, dass der Gebrauch der Winnicottschen Begriffe in der Musiktherapie bisweilen selbst eher etwas assoziativ-spielerisch anmutet, als dass er sich der begrifflichen Abgrenzung gegenüber anderen Formen und Phasen der Selbstobjektentwicklung verpflichtet fühlt.

Die wohl differenzierteste musiktherapeutische Auseinandersetzung mit dem Begriff des Übergangsobjektes findet sich bei Niedecken und zwar in der Verknüpfung mit den Weiterführungen Lorenzers (Niedecken 1988, S. 24 u. 99ff.). Niedecken betont dabei zum einen, dass der

Klang der eigenen Stimme »prädestiniert dazu [ist], vom Kind als erstes
Übergangsobjekt verwendet zu werden«, »der Gebrauch eigener Stimm-
laute als Übergangsobjekte läßt sich bei Kindern meist früher beobachten als der von Gegenständen: sie sind in viel höherem Maße verfügbar
für das Kind als diese, sie können kaum verloren gehen oder weggenom-
men werden« (a. a. O., S. 103). Niedecken stellt den Klang der eigenen
Stimme als ein Phänomen dar, welches sich von der frühesten Erfahrung
des Schreiens über das Lallen bis hin zur Sprachentwicklung durch ein
besonderes Maß an Kohärenz der psychischen Erfahrung auszeichnet.
Dabei sei die Funktion des Klanges als Übergangsobjekt seine zentrale.
»Das Übergangsobjekt nämlich, dies macht Freuds Garnrollenbeispiel
eindringlich klar, dient dem Kind zur aktiven Wiederholung und Verarbeitung von szenischen Eindrücken aus seinem täglichen Erleben mit den
primären Bezugspersonen, welche eine zunehmende Anerkennung der
Außenwelt als unabhängiger Existenz notwendig machen« (a. a. O.,
S. 103). Die genaue Betrachtung der Möglichkeiten des Klanges macht
deutlich, dass er die Qualität des Zwischen- und Übergangsraumes in
besonderer Weise impliziert. Als »Vermittlungsprodukt« stellt er

> »einen Interaktionsvorgang zwischen innerer und äußerer Natur [dar] und
> [hat] zugleich einen zwischen Kind und Erwachsenem zur Voraussetzung.
> Eine Trennung zwischen beiden Vorgängen kann beim anfänglichen Klang-
> erleben noch nicht beobachtet werden. Erst wenn im spielerischen Interagie-
> ren in der Mutter-Kind-Dyade die unbestimmten akustischen Eindrücke zu
> Tönen gestaltet wurden, können diese dann als zur Außenwelt gehörig,
> nämlich mit dem Selbst des Kindes weder noch mit dem Selbstobjekt iden-
> tisch erlebt werden« (a. a. O., S. 105).

Da das Kind sich in der Welt von Klängen auch »unabhängig von der
Präsenz des Erwachsenen« erleben kann, eignen sie sich auch als erste
Aufarbeitung erlebter Szenen im Spiel. Klänge können so »zu Wegberei-
tern der Loslösung und Individuation« werden und sind zugleich offen
für neue Erfahrungen, weil sie – wie die gegenständliche Welt – dem Kind
auch außerhalb der menschlichen Beziehungserfahrung verfügbar sind
(a. a. O., S. 105).

Mit Winnicott zeichnet Niedecken noch einmal die psychologische
Bedeutung des Klanges (oder Tones) vom Übergangsobjekt zur Kultur nach:

> »Das Kind kann im Ton seine eigene Körperlichkeit im Einklang mit der
> Umwelt erleben, und in diesem Erlebnis liegt der Keim zu jener Erfahrung

über sich selbst und die Umwelt, in ihrem Verhältnis zueinander, welche der Erwachsene später in der Auseinandersetzung mit dem musikalischen Material, (...) in der Produktion von musikalischem Ausdruck gewinnen kann. Solche frühen strukturierten Klänge können dann entstehen, wenn eine befriedigende Interaktion in der Mutter-Kind-Dyade das Kind von den Spannungen des körperlichen Bedarfs befreit und ihr einen Spielraum gibt, ein »potential space«, von dem Winnicott sagt, daß darin der Ursprung kultureller Erfahrung liegt« (a. a. O., S. 104).

Im Zuge der Rezeption des Konzeptes vom Übergangsobjekt gehen auch andere Gedanken Winnicotts in die musiktherapeutische Theoriebildung ein, vor allem in Bezug auf die Gestaltung der therapeutischen Beziehung, wie z. B. die Übernahme einer *haltenden Funktion* in Zeiten der Regression (z. B. bei Teichmann-Mackenroth 1990) oder die Bedeutung der *Objektzerstörung* im musikalisch-therapeutischen Spiel und des Erlebens der Wiederbelebung bzw. des Überlebens des Therapeuten (Müller in Irle/Müller 1996, S. 117f.). In der musikalischen Improvisation kann sich diese therapeutisch wichtige Erfahrung in der Musik etwa darin äußern, dass der Therapeut durch die Lautstärke und Heftigkeit des Spiels des Patienten mit seinem Spiel musikalisch-psychologisch »untergeht«, »zerstört wird«, akustisch nicht mehr zu hören ist und nach einer solch lauten Phase etwas vom Spiel des Therapeuten wieder hervortritt, eine Melodie, ein gleich gebliebener Rhythmus, eine leise Akkordfolge, was der Therapeut unhörbar weiter gespielt hat und was nun für den Patienten die Bedeutung des *Überlebens des Objektes* im Sinne Winnicotts gewinnen kann.

Auch die Konzeptualisierung Winnicotts vom »wahren und falschen Selbst« findet in einer neueren Arbeit ihren Niederschlag in der Analyse der Musiktherapie mit einem zehnjährigen Zwillingskind, bei dem es schwer zu bestimmen ist, ob die Zeichen einer Hörbehinderung und/oder einer geistigen Behinderung auf manifesten Einschränkungen beruhen oder ob sie Merkmale einer Selbstentwicklung sind. Konnte sich das Selbst hier nur in Abgrenzung zur gesunden, normalen Zwillingsschwester konstituieren und ist in dem »behinderten Selbst« zugleich die Einschreibung einer traumatischen Geburt zu sehen mit einer Ungetrenntheit in der Zuordnung des Erlebens von Mutter und Kind (Guth 2002)?

Die von Dieter Tenbrink auf die Musik angewandte Unterscheidung zwischen *subjektivem Objekt* und *objektivem Objekt* (Winnicott 1993, S. 101ff.; Tenbrink 2002) findet sich bisher, soweit recherchiert, kaum in der musiktherapeutischen Literatur wieder. Es könnte allerdings eine weiterführende Anregung sein zu untersuchen, ob und woran sich unterscheiden lässt, ob PatientInnen der Musiktherapie die Instrumente (und/oder den Therapeuten) als subjektives oder objektives Objekt erleben und nutzen und ob sich daraus sinnvolle Zusammenhänge zur Frage der Indikation für die Musiktherapie ableiten ließen.

## 2.4 Die Musik des frühen Mutter-Kind-Dialogs

Als zweites stießen die Ausführungen Daniel Sterns (1992) von Anfang an auf eine begeisterte Aufnahme in der Musiktherapie. Viele seiner Beschreibungen der frühen Beziehungssituationen zwischen dem Säugling und seiner Umgebung spiegeln Erfahrungen wider, wie sie die MusiktherapeutInnen unabhängig von ihrer theoretischen Orientierung in der musikalischen Improvisation mit ihren PatientInnen machen. Auch die Konzeptualisierung der *Vitalitätsaffekte* (a. a. O., S. 93ff.), der *amodalen Wahrnehmung* (a. a. O., S. 74ff.) und der *Affektabstimmung* (a. a. O., S. 223ff.) gemahnen unmittelbar an musikalische wie musiktherapeutische Erfahrungen. Erste musiktherapeutische Verknüpfungen stellten Weymann, Deuter und Teichmann-Mackenroth 1991 (veröffentlicht 1992) in einem Gruppenreferat einer musiktherapeutischen Fachtagung des Instituts für Musiktherapie und Morphologie IMM vor, die dann nach dem Erscheinen der deutschen Übersetzung des Hauptwerkes Sterns (1992) eine schnelle Verbreitung innerhalb der Musiktherapie fanden.

Hauptthese der drei Autoren ist es, dass die von Stern beschriebenen frühen Interaktionen zwischen Mutter und Kind in der musiktherapeutischen Improvisation wieder belebt werden. Dazu regen bestimmte Aspekte der Beziehungssituation im Spiel wie auch die Qualitäten der Musik an: »Die Analogien zwischen den frühen Interaktionsformen und den musikalischen Interaktionen, zu denen wir unsere Patienten in der Musiktherapie einladen, liegen auf der Hand. Schon die Beschreibung der Qualitäten, die vom Kleinkind wahrgenommen werden, erinnern an die Qualitäten, aus denen Musik entsteht: Intensitäten, Zeitgestalten wie Dauer, Rhythmus, Tempo, Accelerando, Ritardando, nicht zuletzt Tonhöhen und Klangfarben« (Weymann 1992, S. 40). Weymann übersieht dabei nicht, dass diese Qualitäten auch im Gespräch eine Rolle spielen, betont aber die besondere Einheit von Form und Inhalt in der Musik: »Der *musikalische* Dialog aber handelt von nichts anderem« (a. a. O.).

Auch Deuter betont, dass bei »der Beschreibung der Interaktion zwischen Mutter und Kind (...) Kriterien genannt und Begriffe benutzt [werden], mit denen gleichermaßen wesentliche Merkmale einer Improvisation beschrieben werden können. Stern beobachtet zum Beispiel, mit welchen Ausdrucksmitteln der Austausch *eingeleitet* wird, wie der Kontakt *aufrechterhalten* wird, wie er *moduliert* und wie er *beendet* und *vermieden* wird« (Deuter 1992, S. 44).

Wichtig ist dabei, dass die Musik als Medium zwar durchaus einladend zu einer Wiederbelebung früher Interaktionsformen wirken kann, aber auch deutlich anders ist und mit der ursprünglichen Interaktionsszene nicht verwechselt werden darf:

»Unter den veränderten Bedingungen der aktuellen Szene werden die frühen Erfahrungen nicht schlicht wiederholt im Sinne einer Kopie oder eines Abklatsches, sondern sie erscheinen quasi symbolisch im Rahmen der Übertragungsbeziehung und können – wenn es gut geht – denkend, fühlend, sprechend und handelnd (sinnlich-handgreiflich) weiterentwickelt werden. So kann es zu neuen Erfahrungen des Zusammenseins und des Austausches kommen, (...)« (Weymann 1992, S. 36).

Teichmann-Mackenroth hebt behandlungstechnisch wichtige Aspekte hinsichtlich der Affektabstimmung hervor, die erst durch das richtige Maß von Ähnlichkeit und Differenz die Entwicklung fördert:

»Der Zustand des kindlichen Selbst wird durch diese Intervention (verschmelzende Einstimmung, RT) nicht verändert, was in Beobachtungen daran zu erkennen war, daß die Kinder, wenn die Mutter ein »Affect attunement« in dieser Form vornahm, praktisch keine Reaktion zeigten. Erst wenn die Mutter ihre »Antwort« über- oder untertrieb, reagierte das Kind – mit Verwunderung. Dies deckt sich mit meiner musiktherapeutischen Erfahrung, daß Patienten nach einem für sie bedeutungsvollen Musikdialog, in dem ich, der Musiktherapeut, mich affektiv stimmig einlassen konnte, kaum sagen können, was ich gespielt habe, also nicht differenziert wahrgenommen haben« (Teichmann-Mackenroth 1992, S. 54).

Musik im musiktherapeutischen Setting biete, so Teichmann, Raum für die »mehr globalen Erlebens-, Wahrnehmungs- und Ausdrucksformen, wie wir sie in den Anfangsphasen menschlicher Entwicklung vorfinden« und er folgert daraus:

»So genommen scheint unmittelbar stimmig, daß die Musiktherapie wachsende Bedeutung in der Behandlung von Patienten mit »frühen Störungen« erlangt hat und ebenso einleuchtend erscheint, daß leib-seelische Verletzungen aus vorsprachlicher Zeit besser auf der Klangebene als auf der Wortebene erinnert, wiederbelebt und im Sinne der korrigierenden emotionalen Erfahrung durchgearbeitet werden können, auch wenn wir dazu des Sprechens als Übersetzungs- oder Transferhilfe in die Sphären der Bewußtheit bedürfen« (a. a. O., S. 55).

Zur Konkretisierung sei hier die Beschreibung einer musiktherapeutischen Improvisation von Deuter (1992, S. 47f.) wieder gegeben.

»Die Improvisation entstand innerhalb einer Gruppenmusiktherapie (...) Die depressive Patientin (...) hatte bereits mehrere Monate an der Musiktherapie teilgenommen (...) [sie] verwendete viel Energie darauf, einen wirklichen Austausch zu vermeiden. In der Musik sah sie sich in ihrer Rolle als Opfer bestätigt. Schon mittlere Lautstärke erlebte sie so, als würde sie geschlagen. Damit wurden alte Erlebnisse wiederbelebt, vor denen sie sich schützen wollte, die sie aber auch festzuhalten schien.
Die Vorstellung, selbst laut zu werden und womöglich dadurch der Bedrohung etwas entgegenzusetzen, löste Entsetzen aus. (...)
Gegen Ende einer Gruppenimprovisation ergab sich ein Kontakt zwischen der Patientin und mir. Sie spielte eine Bordunleier, ich spielte auf einer alten verstimmten Zither. Die Patientin schien den Kontakt erst dann wahrzunehmen, als die Gruppe allmählich aufhörte zu spielen, bis schließlich nur noch die beiden Saiteninstrumente übrig blieben.
Sehr leise wurde das Spiel, fast nicht mehr hörbar. Auf beiden Instrumenten wurde derselbe Ton gefunden, klang einige Male in derselben Schwingung. Der Zusammenhang ging verloren, fand sich wieder; ein Zurücktasten, wie zur Bestätigung, daß aufs Neue derselbe Ton, eine Übereinstimmung möglich war; schwer zu sagen, wie lange diese Phase dauerte. – Es war ein Spiel, wie über das Ende der Improvisation hinaus, wie über eine Grenze hinweg, mit einem Minimum an zerbrechlichem und trotzdem beständigem Kontakt.
Nach einer Weile kamen andere Töne hinzu, bestätigten und unterstützten den zerbrechlichen Schwebezustand. Aus der Gruppe, die aufmerksam zugehörend geblieben war, beteiligten sich wieder Spieler und die Improvisation fand einen klingenden Schluß. (...)
Erst nach einigen Musiktherapiesitzungen, die dazwischen lagen, konnte die Patientin über das Erlebnis reden. Sie schilderte, sie sei in einer Situation gewesen, in der »innerlich alles zusammenbricht«, wo sie »völlig allein und verlassen« sei. Dieses Gefühl kenne sie, so sei sie es gewohnt. Sie habe es kaum glauben wollen, daß sie die Zither hörte und einen Kontakt spürte.«

Ähnlich wie Winnicott kommt auch Stern in seinen Texten selbst den Erfahrungen der Musiktherapie entgegen: »Nach meinem Eindruck gleicht eine primäre Betreuungsperson mehr als allem anderen einem schöpferischen Künstler, etwa einem mittanzenden Choreographen oder einem komponierenden und konzertierenden Musiker, der sein Werk aufführt, wie er es hervorbringt. Der Leser möge beachten, daß ich als Beispiel zumindest für diese Periode der Kindheit die nicht-verbalen Künste anführe, deren Dynamik sich in der Zeit entfaltet« (Stern n. Deuter 1992, S. 43).

Die Vitalitätsaffekte als organisationsstiftende, strukturbildende Erfahrungen erinnern sowohl in der Schwierigkeit, sie sprachlich zu beschreiben (Stern 1992, S. 83–93) als auch in den dann gefundenen Beschreibungen selbst an musikalische Formprinzipien: »aufwallend, verblassend, flüchtig, explosionsartig, anschwellend, abklingend, berstend, sich hinziehend, usw.« (a. a. O., S. 83). Auch hier bezeichnet Stern selbst die Musik – neben dem abstrakten Tanz – als »ausgezeichnete Beispiele für die Ausdrucksfähigkeit der Vitalitätsaffekte« (a. a. O., S. 87).

So gibt es inzwischen zahlreiche Verbindungen zwischen Musiktherapie und der neueren Säuglingsforschung, die ja ihrerseits auch einen direkt auf Musik bezogenen Forschungszweig kennt (Papousek 2001). Wie weit damit tatsächlich eine schulenübergreifende theoretische Grundlegung der Musiktherapie gefunden wird, wie Decker-Voigt es erhofft (2002, S. 30f. und S. 408ff.), bleibt abzuwarten.

## 2.5 Gemeinsames Anwesendsein und der Bereich des Schöpferischen

Als ein weiterer Wegbereiter der Selbstpsychologie ist Balint (1966, 1973) zu nennen, dessen Werk für die Musiktherapie eine wichtige Rolle spielt. Seine Beschreibungen des Bereichs des Grundmangels, des Versagens von Sprache (bzw. von Deutungen) in einem bestimmten frühen Störungsbereich, der Funktion der therapeutischen Regression sowie des Bereichs des Schöpferischen halfen, die Notwendigkeit einer therapeutischen Kommunikation jenseits der Sprache zu begründen. Dieser Einfluss ist in den Veröffentlichungen zum Teil nicht direkt aufzufinden, sondern ist über die Weiterführungen in der Psychosentherapie vermittelt, so etwa bei Benedetti, Ciompi, Wulff und Mentzos. Er spielt vor allem dann eine wichtige Rolle, wenn es darum geht, die andersartige Beziehungsstruktur in der Musik in der Arbeit mit früh gestörten Patienten begrifflich zu etablieren (Deuter 1996; Kunkel 1996; Tüpker 1996, 1998; Metzner 1999; Engelmann 2000).

So grenzt z. B. Deuter eine bestimmte Form der therapeutischen Beziehung *in* der Improvisation als ein *gemeinsames Anwesendsein* gegenüber der üblichen, resp. späteren *Begegnung* im gemeinsamen Werk der Improvisation ab. Die Spielverfassung des gemeinsamen Anwesendseins hat dabei die Charakteristika »Kontinuum, Dimension von ›Alles und Nichts‹, veränderte Zeitdimensionen, Undifferenziertheit, keine Notwendigkeit von Gestaltung und Form, Aufgehobensein, Unentschiedenheit, Dauer, die sich nicht erschöpft, aber auch nicht erfüllt« (Deuter 1996, S. 53). Sie ist als »Vorform von Begegnung und Beziehung« (a. a. O., S. 47) zu verstehen, die reguliert werden muss als ein Ort, in dem Verstehen sich konstituieren kann, ohne dass Verstehen schon geschehen darf. Die Beschreibungen Deuters erinnern an den Bereich des Schöpferischen bei Balint (Balint 1973, S. 35ff.) und den versuchsweise vorgeschlagenen Begriff der Prä-Objekte (a. a. O.). Deuter konkretisiert die therapeutische Haltung in Abgrenzung zur Mitbewegung, dem direkten musikalischen Respons etwa durch Motivwiederholung, Anknüpfung, Aufgreifen des gleichen Rhythmus:

> »Man kann sich den Rahmen des gemeinsamen Anwesendseins so umfassend vorstellen, daß der andere als persönliches Gegenüber darin gar nicht bemerkbar werden muß; (...) In diesem Raum können sich Dinge ereignen; sie haben aber (noch) nichts zu bedeuten; der eigentliche Bereich der Begegnung wird ausgespart; es ist aber dennoch etwas da, eine Umgebung, ein Umfeld, eine Atmosphäre. Man spielt zwar zu zweit; die Dualisierung und die damit verbundene Trennung wird aber ausgeblendet; es ist ein Alleinsein, ohne darin verloren zu gehen. Man kann der bedrohlichen Nähe entgehen, ohne daß es als Alternative dazu nur Leere gibt« (Deuter 1992, S. 52).

An die von Balint immer wieder umschriebene Sprachlosigkeit dieser Verfassung gemahnt auch das in der Musiktherapie immer wieder anzutreffende Phänomen, dass PatientInnen nach einem solchen Eintauchen in den Bereich der *Eins*, wie Balint diese Ebene in Abgrenzung zur *Zwei* der Grundstörung und zur *Drei* der »normalen« Ebene ödipaler Konflikte auch nennt (Balint 1973, S. 35ff.), nur so etwas sagen wie »das war gut« (Kunkel 1996, S. 75) und zu weiteren verbalen Äußerungen nicht zu bewegen sind. Dies geschieht dann oft in der Verbindung mit sehr langen und redundanten Improvisationen, in denen der Therapeut die merkwürdigsten Dinge erlebt, bisweilen aber auch schwer erträgliche Langeweile, die aber vom Patienten sehr deutlich als die derzeit angemessene Form eines »guten« oder zumindest erträglichen Zusammenseins charakterisiert wird, bis sie – oft nach vielen Wochen oder Monaten (soweit das Gesundheitssystem dies zulässt) – durch eine neue Form abgelöst wird, die nicht ohne weiteres aus dem Bisherigen ableitbar erscheint (vgl. auch Buchert 2002).

## 2.6 Kohut und die Musiktherapie

Auch die Schriften Kohuts wurden von den MusiktherapeutInnen rezipiert, wenn auch in deutlich geringerem Maße als die bisher genannten AutorInnnen. Dabei ist zu unterscheiden zwischen den Arbeiten Kohuts zur Musik auf der einen Seite und der Narzissmusforschung und Entwicklung der Selbstpsychologie auf der anderen.

Zwar beziehen sich einige Autoren auf die Ausführungen Kohuts zur Musik (z. B. Langenberg 1988, S. 22f.) dennoch fällt auf, dass gerade dieser Teil des Kohutschen Werkes in der Musiktherapie – zumindest in der deutschsprachigen Literatur – relativ wenig inhaltliche Resonanz gefunden hat. (Obwohl einer der Aufsätze Kohuts sogar zunächst, 1951, in der amerikanischen Fachzeitschrift für Musiktherapie erschienen ist. Die deutsche Übersetzung wurde dann in der bekannten Aufsatzsammlung 1977 veröffentlicht.) Ein Grund dafür könnte sein, dass Kohut sich stärker mit dem Musikhören und der Frage des psychologischen Zustandekommens des *Musikgenusses* beschäftigt (Kohut 1977, S. 196f.), was für die Musiktherapie im klinischen Sinne naturgemäß weniger zentral ist. Und auch dort, wo die aktive musikalische Produktion berührt ist, scheint das Improvisieren als eine mögliche Form des Musizierens Kohut nicht bekannt gewesen zu sein (a. a. O., S. 197 u. 236). Zum anderen scheint der zentrale eigene Beitrag Kohuts, dass der Musikgenuss sich letztlich aus der Bewältigung der primär Angst erzeugenden akustischen Umwelt ableite (vgl. a. a. O., S. 200f.), wenig plausibel, und die zur Ableitung dieser These herangezogenen Beispiele wären in ihrer Generalisierung leicht durch andere Säuglingsbeobachtungen zu widerlegen. Der zweite in diesem Zusammenhang von Kohut betonte Aspekt, dass Musik die Funktion einer »Regression im Dienste des Ich« (Kris) gewinnen kann und Kunst allgemein »dem Individuum bei der stellvertretenden Lösung struktureller Konflikte« (a. a. O., S. 237) helfe, findet sich schon eher in der musiktherapeutischen Erfahrung wieder. Insgesamt fällt allerdings auf, dass die neuen selbstpsychologischen Sichtweisen in die Beschäftigung Kohuts mit der Musik noch nicht eingeflossen sind, sondern Kohut sich hier eher auf das ältere Strukturmodell bezieht und Musik daraufhin betrachtet, welchen Es-, Ich- und Über-Ich-Funktionen sie dienen kann. Dennoch wäre eine kritische Auseinandersetzung Schriften Kohuts zur Musik von Seiten der Musiktherapie sicherlich lohnend.

Die Selbstpsychologie Kohuts findet sich ausführlich in die musiktherapeutische Konzeptentwicklung von Maler (1989a und 1989b) einbezogen. Er entwickelte an der Medizinischen Hochschule Lübeck im Rahmen des dortigen stationären Konzeptes (Feiereis 1989) ein Modell für die Behandlung anorektischer und bulimischer PatientInnen. Dabei durchlaufen die PatientInnen im Sinne einer therapeutischen Nachreifung verschiedene Entwicklungsstufen, die sich konzeptuell u. a. an der Entwicklung des Selbst bei Kohut orientieren. Auch die starke Orientierung an einer (heilsamen) Spannungsregulierung durch die improvisatorischen Prozesse erinnern an den Blickwinkel Kohuts auf die psychologische Funktion von Musik

Verbindungen zwischen der Selbstpsychologie Kohuts und der Selbstentwicklung bei Stern finden sich dargestellt im Bereich der Arbeit mit geistig Behinderten bei Albrecht (1995) und in der Falldarstellung der Musiktherapie mit einem hörgeschädigten Zwillingskind bei Guth (2002). Albrecht analysiert von diesen beiden Konzepten her ihre musiktherapeutische Arbeit mit einem 37-jährigen geistig behinderten Mann namens *Heinrich*, dessen Leben durch die immer wieder auftauchenden Gewalttätigkeiten und Autoaggressionen aus den Bahnen zu geraten droht. Sie analysiert diese Störungen konsequent und überzeugend als Symptome einer narzisstischen Persönlichkeitsstörung und weist damit zugleich nach, dass nicht die geistige Behinderung selbst Ursache dieser Symptome ist bzw. dass die Symptome kein unverstehbares *Merkmal* geistiger Behinderung sind, wie dies für gewöhnlich immer noch so gesehen wird.

In der musiktherapeutischen Behandlung konstellierte sich zunächst eine verschmelzende Selbstobjekt-Übertragung:

»Der latente Wunsch (...) lautet: Sei so eins mit mir (...), daß du fühlst, was ich fühle; daß ich nichts zu sagen brauche, weil wir das gleiche fühlen. Dieser Wunsch schlägt mir aber wie eine Forderung entgegen. Hier zeigt sich das Bedürfnis nach einem verschmelzenden archaischen Selbstobjekt. Und es findet sich die von Kohut beschriebene, für solche Selbstobjektbeziehungen typische Gegenübertragung der Therapeutin« (Albrecht 1995, S. 55).

So scheint der Wunsch nach Abgrenzung (als notwendiger Entwicklungsimpuls) zunächst nur bei der Therapeutin zu liegen. Es zeigt sich aber, dass er durchaus auch beim Patienten ist, aber, zunächst unkenntlich, aufgehoben in der (Drohung der) Gewalttätigkeit. Dann taucht er auch in der Musik auf, die die Therapeutin an der Schmerzgrenze *berührt*, was vom Patienten mit sadistisch anmutenden Freude registriert wird. Hier, so die Therapeutin,

> »werde ich als ein klares Gegenüber wahrgenommen, das eine Grenze hat, die verletzt werden kann. Heinrich tut etwas und bekommt von mir die klare Botschaft, daß das, was er tut, mich berührt. Er erlebt aber auch, daß seine aggressiven Impulse mich nicht »vernichten« können. (...) Die Beziehungs-qualität, die sich in dieser Szene herstellt, unterscheidet sich von der, die einen großen Teil der therapeutischen Beziehung bestimmt. Hier geht es um die Ebene der Objektbeziehungen, in dem bisher dargestellten eher um die Verwendung der Therapeutin als Selbstobjekt in einer verschmelzenden oder spiegelnden Selbstobjekt-Beziehung. Es zeigen sich beide Entwicklungsli-nien, die Kohut als getrennt voneinander betrachtet: Die Entwicklungslinie der Selbstobjekt-Beziehungen und die der Objekt-Beziehungen« (Albrecht 1995, S. 57).

Die Musik als Beziehungsform wird in dieser Behandlung auch deshalb so wichtig, weil deutlich wird, dass dieser Patient zwar durchaus sprechen kann, seine Worte aber nicht seine *eigenen* Erfahrungen auszudrücken vermögen. Es ist als seien seine Worte nicht die seinen. Vielmehr erschei-nen seine Sätze, mit denen er z. B. über vergangene Gewalttätigkeiten spricht, wie »Zitate«. »Ich habe das Gefühl, in ihm seine Eltern sprechen zu hören« (a. a. O., S. 56). »Als ob ein Über-Ich spräche«, welches aber wiederum nicht integrierter Teil der Persönlichkeit zu sein scheint, sondern eine durch ihn hindurch sprechende Eltern-Imago. Die Worte, die der Patient spricht, bleiben dadurch in ihrer emotionalen Wirkung »leer, verarmt«, wirken künstlich und befremdend. »Von den Gefühlen eines Mannes, der wieder zu Hause sein möchte, den aber irgendetwas dazu gebracht hat, dort immer wieder so gewalttätig zu agieren, daß seine Eltern es schließlich mit ihm nicht mehr aushalten konnten, ist zunächst nichts zu spüren. Heinrich kann Sprache nicht nutzen, um sich zu unter-scheiden« (a. a. O.).

Gewalttätigkeiten drohen immer wieder auch in der Musiktherapie und werden dort als narzisstische Wut verstehbar, zu der es dann kommt, wenn die Therapeutin als Selbstobjekt »versagt« und damit frühere Selbstobjektversagungen aktualisiert werden. Dabei wird dann deutlich, dass »die sichere Qualität eines Spiel-Raumes oder Übergangsraumes« für den Patienten nicht zu existieren scheint. So kann z. B. eine affektive Überforderung, die sich im musikalischen Zusammenspiel ereignet, zunächst unmittelbar in das Umwerfen von Tischen und Stühlen umschlagen. Da ist keine Grenze, kein Zwischenraum.

Darin offenbart sich in diesem Fall zugleich die Entwicklungschance der Musik, durch die nun über verschiedene Stufen allmählich Spielraum (symbolischer Raum) aufgebaut und entwickelt werden kann: Schreien, aggressives Spielen in der Musik kann als »Spiel«mit Ausdruckscharakter von unkontrollierten »realen« Durchbrüchen unterschieden werden; dem entspricht, dass die Angst, die die Therapeutin während einer Improvisation empfindet, sich deutlich von der Angst vor realen Gewalttätigkeiten unterscheidet; Heinrich kann der gespielten Musik einen Namen geben; es entsteht eine Metaebene, die das Deuten – auch der Übertragungsbeziehung – ermöglicht. Reifere Übertragungsebenen entstehen neben den anderen, die Therapeutin wird nicht mehr nur »zur Erhaltung der Selbstkohärenz des Patienten gebraucht, sondern (kann) auch als Gegenüber« interessant werden (a. a. O., S. 72).

Einen Überblick über die dargestellten Konzepte, die bisher in der Musiktherapie verwendet werden oder mit ihr in enger Beziehung stehen, kann nachfolgende Tabelle (siehe S. 130) geben.

## 3. Thesen zur Musiktherapie

Drei Thesen zur Musiktherapie aus selbstpsychologischer Sicht mögen abschließend dazu dienen, die weitere Diskussion anzuregen.

**1. In einem Teil der musiktherapeutischen Improvisationen spiegeln sich die verinnerlichten und zu Selbstsubstanz gewordenen Objektbeziehungen des Patienten.**
Die musiktherapeutische Improvisation ermöglicht dadurch in besonderer Weise empathische und zugleich im Werk manifeste Einsichten in Entwicklung und Aufbau des Selbst.

Vergleichbar mit der freien Assoziation in der Psychoanalyse stellt für viele Musiktherapien die freie Improvisation das Kernstück der Behandlung dar (vgl. Hegi 1986; Weymann 1996, S. 133f. und 2001, S. 81ff.; Lenz/ Tüpker 1998; Bergstrøm-Nielsen/Weymann 2001; Weymann 2001). Sie unterscheidet sich allerdings in zweierlei Hinsicht von der freien Assoziation. Zum einen handelt es sich um einen *gemeinsam* gestalteten Prozess von Patient und Therapeut, wenn auch aus unterschiedlichen Positionen

**Selbstpsychologie in der Musiktherapie
in Stichworten**

| | |
|---|---|
| Melanie Klein | schizoide und depressive Position<br>projektive Identifikation |
| Wilfried Bion | container – contained<br>negative capability |
| Donald Winnicott | holding function<br>Übergangsobjekt - intermediärer Raum<br>Spiel - Kreativität -Kultur<br>Objektzerstörung und Überleben des Therapeuten<br>wahres und falsches Selbst |
| Michael Balint | Bereich der Grundstörung<br>Bereich des Schöpferischen (der Eins)<br>Prä-Objekte<br>Bedeutung der therapeutischen Regression<br>Weiterführungen bei G. Benedetti ... |
| Heinz Kohut | Selbst<br>Selbstobjekt (-Funktion) der Musik<br>»Glanz im mütterlichen Auge«<br>Empathie<br>Selbst-Selbstobjektbeziehung<br>umwandelnde Verinnerlichung |
| Daniel Stern | auftauchendes Selbst......<br>amodale Wahrnehmung<br>Affektabstimmung<br>Vitalitätsaffekte |

heraus. Zum anderen wohnt ihr bei aller Prozesshaftigkeit auch viel deutlicher ein Produktcharakter inne, mit den Charakteristika eines geschlossenen musikalischen Werkes oder Stückes. Für die psychologische Forschung bedeutet dies, dass sich diese Improvisationen auf Tonträgern festhalten und sowohl unter psychologischen wie musikwissenschaftlichen Kriterien untersuchen lassen. (Im Hinblick auf die zu wahrende Anonymität des Patienten ist die Aufnahme der Musik wesentlich unproblematischer als die der Sprache, da der Patient als Person, solange er sich instrumental äußert – anders als anhand der Sprechstimme – nicht identifizierbar ist.)

Seit Bestehen der Forschungsgruppe zur Morphologie der Musiktherapie (1980) und der ersten Veröffentlichung einer Methodik zur Untersuchung solcher Improvisationen (Tüpker 1983), die psychologische und musikwissenschaftliche Aspekte in einer vierstufigen Analyse miteinander verbindet, sind in der Musiktherapie hunderte von musiktherapeutischen Improvisationen untersucht worden. Neben vielen anderen Forschungsfragen, die dabei jeweils im Vordergrund[4] standen, hat sich vor allem immer wieder gezeigt, dass die Improvisationen in verblüffender Weise seelische Strukturen der Patienten in Wirkungsgestalt (Ausdruck) und Formenbildung der Musik widerspiegeln.

Aus diesen Erfahrungen entsteht bei einer selbstpsychologischen Betrachtungsweise ein deutlicheres Bild von der Wirkungsweise der Musiktherapie. Kohut erklärt das Entstehen stabiler Selbststrukturen so, dass aus den erlebten Selbst-Selbstobjektbeziehungen mittels *umwandelnder Verinnerlichung* Selbstsubstanz wird. Wir können diese Beschreibung m. E. über den bei Kohut enger definierten Bereich auch als Prototyp für die Entstehung bleibender seelischer Struktur überhaupt ansehen. Das heißt: Alle bedeutsamen frühen Objektbeziehungen verwandeln sich
– in bestimmten qualitativen und quantitativen Korrelationen zu Dauer, Intensität, Wiederholung und der Lebensphase, in der sie erlebt werden
– in *innere* seelische Struktur.

Der Begriff Struktur verweist dabei zum einen auf ein gewisses Maß an Abstraktion vom Konkreten, etwa wie Stern dies in Bezug auf die sogenannten RIGs beschreibt (1992, S. 159ff.). Zum anderen ist mit ihm die Verwandlung des aktuellen Erlebens in der Dualität einer Beziehung in eine das Aktuelle überdauernde Engrammierung im einzelnen Subjekt gemeint. Anders formuliert: Die verwandelnde Hineinnahme der Situation zu zweit (zu dritt etc.) in das Subjekt als eine Person. Oder:

Aus 　　 *[chinesisches Schriftzeichen]* 　　　　 wird 　　 人 *[chinesisches Schriftzeichen]*

---

[4] Ein Überblick über die bisherigen Arbeiten findet sich in Tüpker 2001a, S. 74f.; eine vergleichende Studie zur Validierung des Verfahrens verfasste Mömesheim 1999; Improvisationen von chronischen Schmerzpatienten verglich Krapf in: Tüpker 2002b, S. 56ff. Weitere vergleichende Studien untersuchen die Improvisationen von PatientInnen mit Borderline-Syndrom (Tönnies 2002) und Magersucht (Erhardt i.V.).

Wichtig ist hierbei: Nicht *der Andere* wird verinnerlicht, sondern die Beziehung zwischen dem Selbst, dem Eigenen und dem Anderen. Die Bezeichnung *umwandelnd* meint – neben der Tatsache, dass innere seelische Struktur substanziell etwas anderes ist als die aktuell geschehende Beziehung –, dass die Szenen mit dem Verinnerlichungsprozess in vielfältiger Weise verändert werden. Und zwar jeweils vor dem Hintergrund des bereits Erlebten. Also immer auch im Sinne einer Deutung durch das Subjekt.

Beziehen wir hier den Gedanken der Existenz eines Keimselbst ein, so gilt dies von Anfang an und macht verstehbar, warum *gleiche Ereignisse* durchaus unterschiedliche Wirkungen und Folgen haben. (Der Begriff der Vulnerabilität verweist auf dieses Wissen, wenn auch leider nur im pathologischen Bereich.) Naheliegend ist auch die Annahme, dass der Grad der Veränderung im Verinnerlichungsprozess mit zunehmendem Alter ebenfalls zunimmt.

In der Musik finden diese umwandelnd verinnerlichten Beziehungsstrukturen und Beziehungsqualitäten ihre Form – sie äußern sich in den für alle wahrnehmbaren musikalischen Strukturen. Sie unterliegen damit aber zugleich einem weiteren Umwandlungsprozess. Denn sie sind »weder konkrete leibliche Strukturen, noch Bilder, schon gar nicht Sprache, allerdings auch nicht Musik. Aber – unter günstigen Bedingungen – sind sie sozusagen *musikabel*: Damit meine ich, dass sie in Musik überführbar, umstülpbar, ent-wickelbar sind. Sie können in Musik über-setzen, in ihr materialiter (klanglich) in Erscheinung treten. Sie können sich in Musik erkennen und zugleich durch ihr Musik-Werden erkennbar, wahrnehmbar werden: – für das Subjekt – und für andere« (Tüpker 2002a, S. 93). In dieser Umwandlung verinnerlichter Beziehungsstrukturen in Musik ist einer der potenziellen Wirkfaktoren der Musiktherapie zu sehen.

In den musiktherapeutischen Improvisationen hören wir in diesem Sinne die verinnerlichten Objektbeziehungen einschließlich der Selbst-Selbstojekt-Beziehungen, ihre subjektive Deutung und ihre Verwandlung im musikalischen Prozess, somit auch die Veränderung in der aktuellen Beziehung zwischen Patient und Therapeut. Damit ist auch ersichtlich, dass diese These nicht missverstanden werden darf als hätten wir mit der Improvisation eine Art *Tondokument aus früheren Tage*. Auch darf bei dieser Pointierung nicht übersehen werden, dass wir ebenfalls die sich gestaltende aktuelle Beziehung hören. Wenn der Musiktherapeut durch seine musikalische Ausbildung bei der Verwandlung der inneren Strukturen in Musik *hilft*, so beinhaltet dies naturgemäß eine Beeinflussung. Diese zu negieren hieße psychologisch einer Verleugnung anheim fallen. Statt dessen gilt es, sie zu reflektieren und für den therapeutischen Prozess nutzbar zu machen. Wenn wir die Musik somit im Sinne Körners (1989) als Arbeit *in* der Übertragung auffassen, wird zugleich die Notwendigkeit der Ergänzung durch die Sprache in der Musiktherapie erkennbar. Daraus lässt sich eine zweite These entwickeln:

**2. Durch die besondere Beziehungssituation in der musikalischen Improvisation kann der *mitspielende* Therapeut für den Patienten Selbstobjektfunktion bekommen und der Patient kann die sich verändernde Musik so verinnerlichen, dass es zu einer Veränderung im Selbst kommen kann.**

Die besondere Beziehungssituation in der Musik lässt sich zusammenfassend durch folgende Merkmale charakterisieren:
- regressionsfördernd
- innige Verwobenheit in der Formenbildung (damit ähnlich der frühen Mutter-Kind-Beziehung)
- Affektabstimmung, Affektgestaltung
- holding function
- container-Funktion
- negative capability
- Anknüpfen an »gesunde« schöpferische Selbstanteile (im Sinne Balints)
- an ein Keimselbst (*Music Child*)

Die von Kohut formulierte Einsicht, dass Beziehungen während des gesamten Lebens Selbstobjektfunktion gewinnen und somit *von innen her* zur Erhaltung wie zur Veränderung des Selbst beitragen können, gilt besonders auch für die therapeutische Beziehung. In der Musiktherapie führen die Merkmale der musikalischen Beziehungssituation dabei in besonderem Maße in frühe vorsprachliche Bereiche (bzw. spätere Merkmale der Beziehung, die nicht sprachlich kodiert werden) und können auf dieser Ebene im Sinne einer nachholenden (nachnährenden) Beziehung wirksam werden. In der musikalischen Formenbildung sind wichtige frühe Beziehungsfunktionen (wieder)herstellbar wie Getragenwerden,

Gehaltensein, Gehörtwerden, Spiegelung. Dadurch kann es zu umwandelnder Verinnerlichung förderlicherer Selbstobjekte kommen.

**3. Diese musiktherapeutische Arbeit begründet sich auch darin, dass der Musiktherapeut Musiker ist, in dem Sinne, dass für ihn die Musik Selbstobjektfunktion hat.**
Der neue Impuls, den die künstlerischen Therapien in die Psychotherapien bringen können, ist so eng verwoben – und in gewissem Sinne auch abhängig – von der Sozialisation der behandelnden Personen als KünstlerInnen. Dabei geht es primär um die mit dieser Herkunft verbundenen inneren Prozesse wie die oben erwähnte langjährige Einübung in die den Künsten immanenten prototypischen Verarbeitungsprozesse (Psychästhetik). Aber auch darum, selbst Musik in mehreren Versionen als etwas Not-Wendendes erfahren zu haben. Musik als funktionierende Selbstbehandlung erlebt zu haben, ist somit die immanente Voraussetzung, Musik im Beziehungsgeschehen mit anderen methodisch anwenden zu können.

Die Forderung, dass der Musiktherapeut Musiker sein müsse (der Kunsttherapeut bildender Künstler etc.) bezieht sich daher *psychologisch* nicht auf einen bestimmten abprüfbaren Level an Spieltechnik oder künstlerischer Produktion, sondern auf die innere Verwobenheit von musikalischer Entwicklung und Selbstentwicklung. Ganz im Sinne Winnicotts ist die Musik als Möglichkeit der Formung wie des Ausdrucks der eigenen seelischen Empfindungen, Affekte und Konflikte etwas, was biographisch zugleich gefunden und geschaffen wird. Geschieht dies in verschiedenen Lebensphasen durch mehrere Entwicklungsdrehpunkte hindurch, so gewinnt die Musik Selbstobjektfunktion: Sie wird dann durchgängig als Halt erlebt, als *das Eigene*, als unverzichtbar, als nicht versiegende Quelle. Man ist aber auch bereit, ihr vieles zu »opfern«: Zeit, Geld, andere Vergnügungen. Sie »lohnt« es durch die ihr immanente Paradoxie, indem die schier unendliche Vielschichtigkeit und Verwandlungsfähigkeit der Musik diesem Selbstobjekt zugleich seine Stabilität und (Über-)Lebensfähigkeit verleiht.

Der Impuls der künstlerischen Therapien insgesamt – für die anderen Künste ließe sich ja Vergleichbares ausführen – liegt daher weniger in einer hinzugekommenen Behandlungstechnik als vielmehr in der Verfügbarmachung der *psychologischen Künste* der Künste in Krisen der Entwicklung, in denen Menschen eine Psychotherapie aufsuchen (vgl. Petersen 1987).

# Literatur

Albrecht, Sabine (1995): Selbstentwicklung und narzisstische Störungen bei geistig Behinderten: Erfahrungen aus der Musiktherapie. Münster: Diplomarbeit Studiengang Musiktherapie Universität.

Bacal, Howard A. / Newman, Kenneth M. (1990): Objektbeziehungstheorien – Brücken zur Selbstpsychologie. Stuttgart: Bad Cannstatt: frommann-holzboog, 1994.

Balint, Michael (1965): Die Urformen der Liebe und die Technik der Psychoanalyse. Bern, Stuttgart: Huber-Klett, 1966.

Balint, Michael (1968): Therapeutische Aspekte der Regression. Reinbek bei Hamburg: Rowohlt, 1973.

Bergstrøm-Nielsen, Carl / Weymann, Eckhard (Hg.): Vermittlungen ... musically speaking. Einblicke, Heft 12, Berlin: BVM (siehe auch www.musiktherapie-bvm.de).

Bion, Wilfried (1962): Lernen als Erfahrung. Frankfurt/M.: Suhrkamp, 1990.

Buchert, Heidi (2002): Musiktherapeutische Behandlung bei chronisch schizophrenen Patienten. Durchführung und Auswertung einer Verlaufsstudie zu Wirksamkeit und Wirkungsweise. Münster: LIT-Verlag.

Decker-Voigt, Hans-Helmut (Hg.) (2002): Schulen der Musiktherapie. München, Basel: Ernst Reinhardt Verlag .

Dehm-Gauwerky, Barbara (2000): Die Erleichterung. Das Sterben der 70jährigen, dementen Frau S. In: Kimmerle, Gerd (Hg.): Zeichen des Todes in der psychoanalytischen Erfahrung. Tübingen: edition diskord 2000, S. 65–108.

Dehm-Gauwerky, Barbara (2001): »Übergänge«. Tod und Sterben in der Musiktherapie mit Dementen. In: Tüpker, Rosemarie / Wickel, Hans Hermann (Hg.): Musik bis ins hohe Alter. Münster: LIT-Verlag 2001, S. 143–155.

Deuter, Martin (1992): Spätere Versionen frühkindlicher Erfahrungen in der Improvisation. In: Spielen und Sprechen in der Musiktherapie. Materialien zur Musiktherapie. Heft 5. Zwesten, Steinfurt: Institut für Musiktherapie und Morphologie 1992, S. 35–41.

Deuter, Martin (1996): Beziehungsformen in der musiktherapeutischen Arbeit mit psychotischen Patienten. »Wo treffen wir uns, wenn wir uns nicht treffen?« In: Tüpker, Rosemarie (Hg.): Konzeptentwicklung musiktherapeutischer Praxis und Forschung. Münster: LIT-Verlag 1996, S. 38–60.

Engelmann, Ingo (2000): Manchmal ein bestimmter Klang. Göttingen: Vandenhoeck & Ruprecht.

Ermann, Michael (Hg.) (1993): Die hilfreiche Beziehung in der Psychoanalyse. Göttingen: Vandenhoeck & Ruprecht.

Feiereis, Hubert (1989): Diagnostik und Therapie der Magersucht und Bulimie. München: Marseille-Verlag .

French, Robert (2000): ›Negative Capability‹, ›Dispersal‹ and the Containment of Emotion, Bristol Business School Teaching and Research Review, Issue 3, Summer 2000, ISSN 1468-4578.

Füg, Rosemarie (1980): Die Bedeutung der Instrumentenauswahl des Patienten in der Musiktherapie. Herdecke: Abschlussarbeit Mentorenkurs Musiktherapie.

Gustorff, Dagmar / Hannich, Hans-Joachim (2000): Jenseits des Wortes. Musiktherapie mit komatösen Patienten auf der Intensivstation. Bern, Göttingen: Verlag Hans Huber.

Guth, Hannelore (2002): Das Geheimnis des Selbst. Musiktherapie mit einem hörgeschädigten Zwillingskind. Münster: Diplomarbeit Studiengang Musiktherapie Universität.

Hegi, Fritz (1986): Improvisation und Musiktherapie. Möglichkeiten und Wirkungen von freier Musik. Paderborn: Junfermann.

Heinemann, Evelyn / de Groef, Johan (Hg.) (1997): Psychoanalyse und geistige Behinderung. Mainz: Matthias-Grünewald-Verlag.

Irle, Barbara / Müller, Irene (1996): Raum zum Spielen – Raum zum Verstehen. Musiktherapie mit Kindern. Münster: LIT-Verlag.

Janus, Ludwig (2000): Die Psychoanalyse der vorgeburtlichen Lebenszeit und der Geburt. Gießen: Psychosozial-Verlag .

Klein, Melanie (1972): Das Seelenleben des Kleinkindes und andere Beiträge der Psychoanalyse. Reinbek bei Hamburg: Rowohlt.

Körner, Jürgen (1989): Arbeit *an* der Übertragung? Arbeit *in* der Übertragung! Forum der Psychoanalyse 1989, S. 209–223.

Kohut, Heinz (1951): The psychological significance of music activity. In: Music Therapy, I, S. 151–158.

Kohut, Heinz (1971): Narzißmus. Frankfurt/M.: Suhrkamp, 1976.

Kohut, Heinz (1977): Introspektion, Empathie und Psychoanalyse. Frankfurt/M.: Suhrkamp.

Kohut, Heinz (1977): Die Heilung des Selbst. Frankfurt/M.: Suhrkamp, 1981.

Kohut, Heinz (1984): Wie heilt die Psychoanalyse? Frankfurt/M.: Suhrkamp, 1989.

Kunkel, Sylvia (1996): »Sein oder Nicht-Sein«. Musiktherapie mit einem schizophrenen Patienten. In: Tüpker, Rosemarie (Hg.): Konzeptentwicklung musiktherapeutischer Praxis und Forschung. Münster: LIT-Verlag, S. 61–102.

Lazar, Ross A. (1993): »Container – Contained« und die helfende Beziehung. In: Ermann, Michael (Hg.): Die hilfreiche Beziehung in der Psychoanalyse. Göttingen: Vandenhoeck & Ruprecht, S. 68-92.

Langenberg, Mechtild (1986): Musiktherapie – Spielraum, Übergangsraum, Zwischenraum. Überlegungen zur Funktion einer künstlerischen Therapie. In: Heigl-Evers, Annelise et al. (Hg.): Die Vierzigstundenwoche für Patienten. Konzept und Praxis teilstationärer Psychotherapie. Göttingen: Verlag für Medizinische Psychologie im Verlag Vandenhoeck & Ruprecht.

Langenberg, Mechtild (1988): Vom Handeln zum Be-Handeln. Darstellung besonderer Merkmale der musiktherapeutischen Behandlungssituation im Zusammenhang mit der freien Improvisation. Stuttgart: Gustav Fischer Verlag.

Lenz, Martin / Tüpker, Rosemarie (1992): Wege zur musiktherapeutischen Improvisation. Münster: LIT-Verlag.

Loos, Gertrud (1986): Spiel-Räume. Musiktherapie mit einer Magersüchtigen und anderen frühgestörten Patienten. Stuttgart: Gustav Fischer Verlag.

Mahns, Wolfgang (2003): Symbolbildung in der analytischen Kindermusiktherapie. Münster: LIT-Verlag.

Maler, Thomas (1989a): Klinische Musiktherapie. Ausdrucksdynamik, Ratingskalen und wissenschaftliche Begleitforschung im Lübecker Musiktherapie-Modell. Wissenschaft aktuell, Bd. 9. Hamburg: Verlag Dr. R. Krämer.

Maler, Thomas (1989b): Musiktherapie. In: Feiereis, Hubert: Diagnostik und Therapie der Magersucht und Bulimie. München: Marseille-Verlag, 1989, S. 245–277.

Metzner, Susanne (1999): Tabu und Turbulenz. Musiktherapie mit psychiatrischen Patienten. Göttingen: Vandenhoeck & Ruprecht.

Metzner, Susanne (2002): Psychoanalytische Musiktherapie. In: Decker-Voigt , Hans-Helmut (Hg.): Schulen der Musiktherapie. München, Basel: Ernst Reinhardt Verlag, S. 33-54.

Mömesheim, Elke (1999): »Wer verschweigt das letzte Wort?« Vergleichende Untersuchung von Beschreibungstexten aus der Morphologischen Musiktherapie. Münster: Diplomarbeit Studiengang Musiktherapie Universität.

Müller, Irene (1996): Ein Junge spricht nicht. – Auf der Suche nach Verstehen in der Kindermusiktherapie. In: Irle, Barbara / Müller, Irene: Raum zum Spielen – Raum zum Verstehen. Musiktherapie mit Kindern. Münster: LIT-Verlag, S. 104–191.

Niedecken, Dietmut (1988): Einsätze. Material und Beziehungsfigur im musikalischen Produzieren. Hamburg: VSA-Verlag.

Niedecken, Dietmut (1989): Namenlos. Geistig Behinderte verstehen. München: Piper. (2. Aufl. München: dtv, 1993, unter dem Titel: Geistig Behinderte verstehen.)

Nordoff, Paul / Robbins, Clive (1971): Musik als Therapie für behinderte Kinder. Stuttgart: Ernst Klett Verlag, 1975.

Nordoff, Paul / Robbins, Clive (1977): Schöpferische Musiktherapie. Stuttgart: Gustav Fischer Verlag, 1986.

Papousek, Mechthild (2001): Vom ersten Schrei zum ersten Wort. Bern: Huber-Verlag.

Petersen, Peter (1987): Der Therapeut als Künstler. Ein integrales Konzept von Psychotherapie und Kunsttherapie. Paderborn: Junfermann.

Priestley, Mary (1975): Musiktherapeutische Erfahrungen. Stuttgart: Gustav Fischer Verlag , 1982.

Priestley, Mary (1980): Analytische Musiktherapie. Stuttgart: Klett-Cotta, 1983.

Salber, Wilhelm (2001): Psychologische Behandlung. 2., überarb. Auflage. Bonn: Bouvier.

Schumacher, Karin (1999): Die Bedeutung des Orff-Schulwerkes für die musikalische Sozial- und Integrationspädagogik und Musiktherapie. In: Orff-Schulwerk-Informationen Nr. 62 (63), hrsg. vom Mozarteum Salzburg, S. leider auch nicht zu ermitteln.

Sloterdijk, Peter (1988): Zur Welt kommen – Zur Sprache kommen. Frankfurt/M.: Suhrkamp.

Stern, Daniel N. (1986): Die Lebenserfahrung des Säuglings. Stuttgart: Klett-Cotta, 1992.

Teichmann-Mackenroth, Ole (1990): Musiktherapie in der stationären Psychotherapie psychosomatisch erkrankter Patienten. MUSICA-Kongreß Hamburg. Lilienthal bei Bremen: Eres Verlag.

Teichmann-Mackenroth, Ole (1992): Echos frühkindlicher Erfahrungen in der Musiktherapie. In: Spielen und Sprechen in der Musiktherapie. Materialien zur Musiktherapie. Heft 5. Zwesten, Steinfurt: Institut für Musiktherapie und Morphologie, S. 51–55.

Tenbrink, Dieter (2002): Musik, primäre Kreativität und die Erfahrungsbildung im Bereich der Beziehung zu subjektiven Objekten. In: Oberhoff, Bernd (Hg.): Das Unbewusste in der Musik. Gießen: Psychosozial-Verlag, S. 9–36.

Tönnies, Friederike (2002): Erstimprovisationen von Borderline-Patienten. Eine vergleichende musikalisch-psychologische Untersuchung. Münster: Diplomarbeit Studiengang Musiktherapie Universität .

Tüpker, Rosemarie (1983): Morphologische Arbeitsmethoden in der Musiktherapie. In: Musiktherapeutische Umschau, Bd. 4, S. 247–264.

Tüpker, Rosemarie (1988): Ich singe, was ich nicht sagen kann. Zu einer morphologischen Grundlegung der Musiktherapie. Münster: LIT-Verlag, 1996.

Tüpker, Rosemarie (1998): Musiktherapie als Erweiterung des Behandlungsangebotes oder Warum braucht die Psychiatrie die Kunst? In: therapie kreativ, Affenkönig Verlag, Heft 21, S. 3–23.

Tüpker, Rosemarie (2001a): Morphologisch orientierte Musiktherapie. In: Decker-Voigt, Hans-Helmut (Hg.): Schulen der Musiktherapie. München, Basel: Ernst Reinhard Verlag, S. 55–77.

Tüpker, Rosemarie (2001b): Musik bis ins hohe Alter. In: Tüpker, Rosemarie / Wickel, Hans Hermann (Hg.): Musik bis ins hohe Alter. Fortführung, Neubeginn, Therapie. Münster: LIT-Verlag, S. 6–19.

Tüpker, Rosemarie (2002a): Wo ist die Musik, wenn wir sie nicht hören? In: Oberhoff, Bernd (Hg.): Das Unbewusste in der Musik. Gießen: Psychosozial-Verlag, S. 75–102.

Tüpker, Rosemarie (2002b): Forschen oder Heilen. Kritische Bemerkungen zum herrschenden Forschungsparadigma. In: Petersen, Peter (Hg.): Forschungsmethoden künstlerischer Therapien. Stuttgart, Berlin: Mayer, S. 33–68.

Weymann, Eckhard (1990): Spielräume. In: Decker-Voigt, Hans-Helmut (Hg.): Musik und Kommunikation. Sonderreihe Tagungsbericht, Band 2. Lilienthal bei Bremen: Eres-Verlag, S. 86–97.

Weymann, Eckhard (1992): Spätere Versionen frühkindlicher Erfahrungen in der Musiktherapie. Spielen und Sprechen in der Musiktherapie. In: Materialien zur Musiktherapie. Heft 5. Zwesten, Steinfurt: Institut für Musiktherapie und Morphologie, S. 43–55.

Weymann, Eckhard (1996): Improvisation. In: Decker-Voigt, Hans-Helmut / Knill, Paolo / Weymann, Eckhard (Hg.): Lexikon Musiktherapie. Göttingen: Hogrefe, S. 133–137.

Weymann, Eckhard (2001): Warte auf nichts. In: Decker-Voigt, Hans-Helmut (Hg.): Schulen der Musiktherapie. München, Basel: Ernst Reinhard Verlag, S. 78-101.

Wilheim, Joanna (1988): Unterwegs zur Geburt. Eine Brücke zwischen dem Biologischen und dem Psychischen. Heidelberg: Mattes-Verlag, 1995.

Winnicott, Donald W. (1971): Vom Spiel zur Kreativität. Stuttgart: Klett-Cotta, 1993.

# Die Musik als Spenderin des narzisstischen Wohlgefühls. Eine experimentelle Pilotstudie

*Bernd Oberhoff*

## 1. Einleitung

Die ungebrochene Lust, Musik zu hören oder selbst aktiv zu musizieren, deutet darauf hin, dass Musik ein besonderes Lebensgefühl erzeugt, das der Mensch sucht und braucht. Musik drückt sicherlich nicht nur *ein* bestimmtes Gefühl aus, sondern eine Vielzahl an Gefühlen, die sowohl unterschiedlichen Stimmungen als auch unterschiedlichen Arten von Gefühlen zuzuordnen sind. Bei aller Spezifität und allem Variantenreichtum des musikalischen Erlebens scheint es jedoch so, dass Musik in besonderer Weise in der Lage ist, Ausdruck für das narzisstische Wohlgefühl zu sein. Dieses narzisstische Wohlbehagen, das oftmals als ein Lebensgefühl *erhebender Erhabenheit* beschrieben wird, kann sowohl durch Beziehungspersonen bewirkt werden – etwa durch Äußerungen der Bewunderung, der Anerkennung, der Liebe, des Lobes, des Vertrauens und des Zutrauens etc – als auch durch Köpersensationen: ein warmes Bad, das Liegen am Strand in der Sonne, Schwimmen im Meer, Schweben und Fliegen durch die Lüfte, Hochgehoben-, Getragen- und Herumgewirbelt werden, Fahren im Auto oder auf der Achterbahn etc. Und schließlich kann dieses Gefühl auch durch Rituale und Massenveranstaltungen bewirkt werden, wie Fußballspiele, olympische Kämpfe, feierliche Gedenkstunden, kirchliche Messfeiern oder auch durch Konzertveranstaltungen.

Nun ist es aber so, dass das narzisstische Hochgefühl im Laufe des Lebens Wandlungen durchläuft. Ist für ein Kleinkind z. B. das körperliche Hochgehobenwerden eines der Ereignisse, die erhebende Gefühle auslösen, so ist dies für den Erwachsenen nicht in dem Maße zutreffend, sondern eher untauglich, um Gefühle der erhebenden Erhabenheit zu erzeugen. Für den Erwachsenen sind es vielleicht mehr innere, geistige oder psychische Erlebnisse, die ihn narzisstisch beglücken.

In meinem Aufsatz »Diese Musik versteht mich!« – Die Musik als Selbstobjekt, den Sie in diesem Band abgedruckt finden, habe ich den Versuch unternommen, im Einklang mit dem augenblicklichen Stand der Narzissmusforschung drei verschiedene Entwicklungsstadien des Narzissmus zu unterscheiden: den fötalen Narzissmus, den frühkindlichen Narzissmus und den erwachsenen Narzissmus. Die wichtigsten Arbeiten zu diesem Thema (Freud 1930; Argelander 1971; Kohut 1973; Grunberger und Dessuant 2000; Altmeier 2000) legen es nahe, diese drei narzisstischen Entwicklungsstadien zu unterscheiden und ihnen bestimmte Qualitäten oder Themen des Erlebens zuzuordnen, die sich in Kürze folgendermaßen charakterisieren lassen:

### Fötaler Narzissmus

Auf der Ebene körperlich-sinnlichen Wahrnehmens erlebt sich der Fötus im Mutterleib in einem Zustand, der die Qualität eines permanenten Schwebens besitzt, mit Phasen des Steigens, des Fallens, des Kreisens u. Ä. Vergleichbare Empfindungen lassen sich postnatal beim Fliegen mit dem Flugzeug erleben. Außerdem ist der Fötus vom Fruchtwasser umgeben, was vermutlich wie ein Schwimmen im Wasser empfunden wird. Darüber hinaus ist das fötale Leben durch zwei besondere narzisstische Erfahrungen gekennzeichnet: Das eine ist die Versorgungseinheit mit der Mutter, wodurch nie ein Gefühl des Mangels entsteht, sondern eines des unablässigen Versorgtwerdens durch eine größere Macht. Die andere grandiose Erfahrung ist die leibliche Verschmolzenheit mit der Mutter. Wo der Körper des Fötus seine Grenze hat und wo der Körper der Mutter beginnt, ist nicht genau auszumachen. Entsprechend bildet sich ein Empfinden grenzenloser und harmonischer Verbundenheit mit einem Objekt, dessen Ausdehnung scheinbar unendlich ist. In der körperlichen Verschmolzenheit mit der Mutter kommt »ein Aspekt jener Unendlichkeit zum Ausdruck, die der Fötus erlebt, dessen unbegrenztes Universum eine Flüssigkeit ist, (das Urmeer)« (Grunberger und Dessuant 2000, S. 44). Dieses fötale Erleben sieht Romain Rolland als die eigentliche Quelle der Religiosität an. Er umschreibt es als ein Gefühl von Ewigkeit, »ein Gefühl wie von etwas Unbegrenztem, Schrankenlosem, gleichsam ›Ozeanischen‹ ...« (zit. nach Freud 1930, S. 421f.). Entsprechend kommt Argelander zu der Überzeugung, dass die archaischen, primärnarzisstischen Phantasien »um kosmische Themen oder Beziehungen zu den Elementen kreisen ... Im

Grunde genommen handelt es sich um Verschmelzungsphantasien mit einem diffusen elementaren Objekt« (Argelander 1971, S. 362ff.).

Dieser archaische, reine oder fötale Narzissmus bildet die unterste Stufe narzisstischen Erlebens. Er ist prä-subjektiv, geht mit einem ozeanischen Gefühl einher und bezieht sich auf ein diffuses Objekt kosmischer Weite, das die Qualität einer Gottheit besitzt.

Zur Charakterisierung dieses fötalen Narzissmus werden wir im Rahmen dieser Untersuchung die folgenden Items verwenden: »schwebend, losgelöst«, »von kosmischer Weite«, »archaisch, mythisch«, »ozeanisch«.

## Frühkindlicher Narzissmus

Die im Mutterleib erlebte Situation paradiesischer Fülle und Sicherheit spendender Geborgenheit erfährt durch die Geburt ein jähes Ende. Trotzdem versucht der Säugling, die vertraute Situation mit der Mutter nach der Geburt aufrechtzuerhalten, und er tut dies durch den Aufbau eines neuen Systems narzisstischer Vollkommenheit, dem *Größenselbst*.

In der Konfiguration des *Größenselbst* erlebt der Säugling die Mutter noch nicht als eigenständige Person, sondern als noch innerhalb seiner Selbstgrenzen liegend und damit zum eigenen Selbst gehörend. Die frühkindlich narzisstische Phantasie ist die Größenphantasie eines omnipotenten Gebildes, das sich als Große Mutter darstellt und mit dem der Säugling eine Einheit bildet. Entsprechend beansprucht das Kind die volle Kontrolle und Macht über diese Mutter, um seine Phantasie eines gemeinsamen, grandiosen Selbst aufrechterhalten zu können.

Die Mutter wird in den ersten Monaten nach der Geburt gleichsam als ein gottähnliches, überdimensioniertes Objekt wahrgenommen, mit dem sich der Säugling zu einer Einheit verschmolzen erlebt. Aber dieses Objekt ist nicht mehr eine ferne Gottheit, sondern eine nahe und liebevolle menschliche Person. Durch diese neue Qualität menschlicher Wärme und liebevoller Zugewandtheit erfährt das arachaisch-kosmische Ewigkeitsgefühl ganz allmählich eine Wandlung in Richtung eines menschlichen Beziehungsgefühls, das von emotionaler Wärme, positiver Spiegelung und Bestätigung und einem Sich-Einschwingen in ein gemeinsames Gefühl geprägt ist.

Das Gefühl der Grandiosität in der Konfiguration des Größenselbst ist eng mit dem Körper verbunden. Die Lust, den eigenen Körper zu zeigen, sich zu bewegen und bewegt zu werden, Bewunderung und Berührung zu erfahren, sich an interaktiven Körperspielen zu beteiligen, ist beim Säugling sehr ausgeprägt. Das narzisstisch Erhebende wird hier im wahrsten Sinne des Wortes im körperlichen Hochgehobenwerden erfahren.

Zur Charakterisierung dieses frühkindlichen Narzissmus werden wir im Rahmen dieser Untersuchung die folgenden Items verwenden: »einfach, unkompliziert«, »streichelnd, weich«, »spielerisch, unbekümmert«, »kindlich affektiv«.

## Erwachsener Narzissmus

Die Suche nach einer narzisstischem Beziehung findet nicht nur in der Kindheit statt, sondern begleitet den Menschen ein Leben lang. Aber die Bedürfnisse nach das Selbst bestätigenden Personen, also nach Selbstobjekten, erfahren im weiteren Verlauf des Lebens einen Gestaltwandel. An die Stelle von kindlichen Größenillusionen treten reifere Formen von Selbstobjektbedürfnissen: So wandelt sich etwa das Bedürfnis nach physischem Gehaltensein in ein Bedürfnis nach Gehaltensein durch empathische Resonanz, d. h. in den Wunsch, von einem erwachsenen Menschen liebevoll wahrgenommen und differenziert verstanden zu werden. Die erwachsene narzisstische Selbstobjektsuche zielt auf eine Person, die mir mit Wertschätzung begegnet, in der sich die Einzigartigkeit und Bedeutsamkeit meiner Person wie auch die Einzigartigkeit und Bedeutsamkeit der gemeinsamen Beziehung widerspiegelt und eine wechselseitige, intersubjektive Verbundenheit gelebt werden kann, die sich durch feine, nuancierte Gesten und differenzierte, empathische Resonanz auszeichnet. Neville Symington (1997) spricht in diesem Zusammenhang von einem *lifegiver*, einem Lebensspender.

Zur Charakterisierung dieses erwachsenen Narzissmus werden wir im Rahmen dieser Untersuchung die folgenden Items verwenden: »differenziert, nuancenreich«, »sensibel, einfühlsam«, »verständnisvoll«, »individuell, persönlich«. Die durchgeführte experimentelle Untersuchung soll nun dazu dienen herauszufinden,

1. ob sich diese drei unterschiedlichen narzisstischen Qualitäten in der Musik auffinden lassen und
2. ob sich Musikstücke aufgrund einer unterschiedlich starken Ausprägung dieser drei narzisstischen Qualitäten voneinander unterscheiden lassen.

## 2. Untersuchungsmethode

Es wurden drei verschiedene Musikstücke (Dauer zwischen drei und fünf Minuten) in einem Kleingruppensetting (zwei Gruppen mit jeweils acht bzw. neun Personen) vorgespielt. Es handelte sich um folgende Musikstücke:

1. **»Virtute multa«, ein gregorianischer Choral der Zisterzienser** aus dem 12. Jahrhundert, Dauer: 3'04 Minuten (Ausführende: Ensemble Organum, Leitung Marcel Péres, aus der Sammlung: Les Très Riches Heures du Moyen Age, Harmonia Mundi, France, 1995).
2. **Heinrich Schütz, Motette: »Herr, nun lässest Du Deinen Diener in Frieden fahren«**, Dauer: 4'41 Minuten (aus den Musikalischen Exequien (1636), für zwei vierstimmige und einen dreistimmigen Chor. Ausführende: Monteverdi Choir, The English Baroque Soloists, His Majesties Sagbutts and Cornetts. Leitung: John Eliot Gardiner. Archiv Produktion der Deutschen Grammophon Gesellschaft, 1988).
3. **Felix Mendelssohn-Bartholdy, Motette: »Herr nun lässest Du Deinen Diener in Frieden fahren«**, Dauer: 5'02 (Op. 69, Nr. 1, Motetten und Psalmen. Ausführende: La Chapelle Royale Collegium Vocale de Gand. Leitung: Philippe Herreweghe. Harmonia Mundi, 1984).

Bezüglich des narzisstischen Erlebens dieser drei ausgewählten Musikstücke bei den ProbandInnen wurden die folgenden drei Hypothesen aufgestellt:

### 3 Forschungshypothesen

1. **Musikstück 1** hat in den Eigenschaften des **fötalen Narzissmus** eine deutliche Ausprägung, und zwar sowohl in den freien Assoziationen (Fragebogen A) als auch in den Skalierungen nach vorgegebenen Kategorien (Fragebogen B): Die Mittelwerte liegen dort oberhalb von 3,0 (Ausprägungsgrade »mittel« (3), »viel« (4) und »sehr viel« (5)).
2. **Musikstück 2** hat in den Eigenschaften des **frühkindlichen Narzissmus** eine deutliche Ausprägung, und zwar sowohl in den freien Assoziationen (Fragebogen A) als auch in den Skalierungen nach vorgegebenen Kategorien (Fragebogen B): Die Mittelwerte liegen dort oberhalb von 3,0.

3. **Musikstück 3** hat in den Eigenschaften des **erwachsenen Narzissmus**
eine deutliche Ausprägung, und zwar sowohl in den freien Assoziationen (Fragebogen A) als auch in den Skalierungen nach vorgegebenen Kategorien (Fragebogen B): Die Mittelwerte liegen dort oberhalb
von 3,0.

Um auszuschließen, dass das unterschiedliche subjektive Erleben der drei
Musikstücke mit der Unterschiedlichkeit der Genres in Zusammenhang
steht, wurde bei der Auswahl auf eine größtmögliche Einheitlichkeit
geachtet. So entstammen alle drei Stücke dem Bereich der Geistlichen
Chormusik, und zudem ist den Motetten von Schütz und Mendelssohn
der gleiche Text unterlegt.

Zu jedem Musikstück hatten die Probanden zwei Einschätzungen
vorzunehmen. In einem ersten Schritt (Fragebogen A, s. Anhang) sollten
sie zu dem gehörten Musikstück frei assoziieren und in einem zweiten
Schritt (Fragebogen B, s. Anhang) die Musik nach vorgegebenen Eigenschaften einstufen, und zwar auf einer fünfstufigen Skala von »gar nicht«
(1), »etwas« (2), »mittel« (3), »viel« (4) bis »sehr viel« (5). Fragebogen A und
B wurden jeweils nach dem Anhören eines Musikstücks ausgefüllt. Nach
Abschluss der drei Durchgänge bestand die Möglichkeit, sich in einem
Gruppengespräch über die gemachten Erfahrungen auszutauschen.

Die freien Assoziationen sollten dazu dienen, den Bedeutungshof
eines Musikstücks auf Grund der verwendeten Assoziationen, Metaphern, Körpergefühle etc. zu erschließen. Möglicherweise würden sich
hier noch Dimensionen des Erlebens ergeben, die in den vorgegebenen
Eigenschaften der nachfolgenden Skalierungen nicht enthalten oder sogar
gegensätzlich dazu sind.

Um zu erkunden, ob diese drei Musikstücke bei den Hörern überhaupt narzisstische Gefühle von erhebender Erhabenheit auslösen, wurde
jeder Proband im Fragebogen B zuerst danach gefragt, wie er den Ausprägungsgrad hinsichtlich der Eigenschaften »anrührend, bewegend, groß-
artig« einschätzt.

Die Probanden waren Teilnehmerinnen und Teilnehmer des »2. Coesfelder Symposiums Musik & Psyche« (2001). Es haben insgesamt 17
Personen an der experimentellen Untersuchung teilgenommen.

# 3. Ergebnisse

Die Einfälle, Gedanken und Gefühle zum jeweiligen Musikstück sind erwartungsgemäß sehr individuell und verschiedenartig ausgefallen. Sie umfassen sowohl Phantasien, Imaginationen, Metaphern, als auch Körperempfindungen und Gedankenspiele. Darüber hinaus spielen offensichtlich auch Erinnerungen an konkrete Situationen eine Rolle, in der die Probanden diese oder eine ähnliche Musik gehört haben, sowie die Gefühle, mit denen sie dort im Zusammenhang standen. Es kommen dadurch gleichsam außermusikalische Störvariablen mit ins Spiel, die die Eindrücke aus der aktuellen Situation bezüglich der psychoästhetischen Wirkung der Musik in nicht zu kontrollierender Weise beeinflussen. Um diese individuellen Zufallsvariablen nicht bestimmend werden zu lassen, werden die qualitativen Äußerungen auf gemeinsame und übergreifende Assoziationsmuster hin ausgewertet, die möglichst vielen Beschreibungen explizit oder implizit gemeinsam sind. Das heißt, die Erlebnisschilderungen werden soweit möglich zu unterscheidbaren Assoziations-Clustern zusammengefasst, von denen angenommen werden kann, dass sie die ästhetische Wirkung des jeweiligen Musikstücks am treffendsten charakterisieren.

**Musikbeispiel 1: Gregorianischer Gesang**

**A. Qualitative Ergebnisse**
**Zu Assoziations-Clustern zusammengefasste Auswahl von Nennungen:**

a) **Schwebend, losgelöst:** schwingend (A1), über allem schwebend (A2), kreisen um sich herum (A8), ein Schweben und Gewiegtwerden auf einer Klangwolke (A12), körperliches Empfinden des Schwebens, Schwerkraft vermindernd (A15), getragen vom Klang (A9), wegtragend (A10)

b) **Archaisch religiös:** Mönche, Kirche, Kloster (A3), sakral, feierlich, erhaben, himmlisch (A7), Schauder (A9), Einsamkeit mit Gott (A3), transzendent

c) **Räume kosmischer Weite:** klare Raumvorstellung (A4), räumlich, Hall, Endlosigkeit: es könnte ewig so weiter gehen (A2) unerreichbar (13), fern, unwirklich (A11)

d) **In größerer Einheit ruhend:** Gefühl des Einsseins, beruhigend, zentrierend, gründend (A7, A10), kehren immer wieder zu einem Grund zurück (A8), Ruhe, Gelassenheit, Geborgenheit (A1), Bedeutungslosigkeit des Individuums (A11), Vorstellung eines Unzerstörbaren, Einigen (A3), Bedürfnis zu schweigen (A3), »und sagte kein einziges Wort« (A6), ich visualisiere teilweise Körperinneres (A4)

Diese Assoziations-Cluster umschreiben eine Erlebniswelt, die von einer archaischen Religiösität, der Geborgenheit in einer größeren Einheit, einer Räumlichkeit von kosmischer Weite und vor allem von Körpergefühlen des Schwebens geprägt sind. Diese Assoziationen sind charakteristisch für eine fötale narzisstische Welt und unterstützen damit Hypothese 1.

## B. Quantitative Ergebnisse
## Auswertung der Skalierungen

In allen Items zum Fötalen Narzissmus liegt der gregorianische Choral in seinen Mittelwerten oberhalb von 3,0 (s. Abb. 1), während er in allen Items des frühkindlichen und des erwachsenen Narzissmus (s. Abb. 2 und Abb. 3) deutlich schwächer ausgeprägt ist (Mittelwerte unterhalb von 3,0). Hypothese 1 ist damit bestätigt worden.

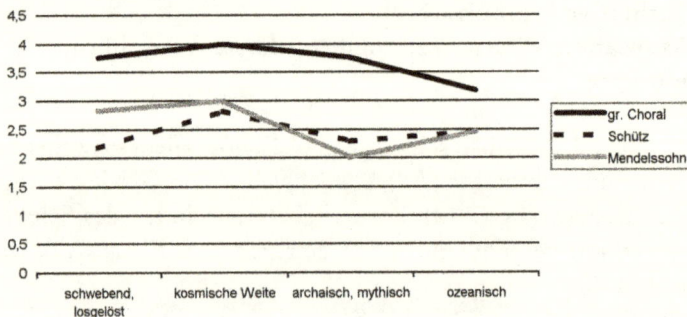

*Abb. 1: Fötaler Narzissmus*

Musikbeispiel 2: Motette von Heinrich Schütz

A. Qualitative Ergebnisse

Zu Assoziations-Clustern zusammengefasste Auswahl von Nennungen:

a) **Lebendige Affektivität mit schnellen Stimmungsumschwüngen:** Stimmungen wechseln schnell (B4), abwechslungsreich (B5), traurig/melancholisch bis froh (B4), anfänglich bittend, zunehmend freier (B7), zornig, störrisch, widerständig (B15), gedrückt und eingeklemmt, unruhig, dominant (B10), optimistisch (B17) bewegend und beruhigend (B13), der Rhythmus macht Lebenslust und lässt mich lachen (B17)

b) **Körperlich:** Kraft, dynamisch fortschreitend, am Schluss fester Boden (B1) kraftvoll, kräftig zupackend (B17), ein Drängen und Vorrücken, man wird stark mitbewegt (B8), mitschwingend, bewegt, auf und ab (B16), Bild eines Handgemenges, zornige Geste (B15), machtvoll, erschlagend (B12), feste Kinderkörper, Vollmundigkeit des Chores (A9)

c) **Interaktiv:** ängstliche Frage und sichere Antwort, Sicherheit der Meinung, fühle mich überfahren (B3), Diskussion am Tisch, dialogisch, Überzeugungsarbeit, Gruppe der Überzeugten steht gegen einzelne Zögernde, lebendig, Austausch der Meinungen (B15)

Bei den zu Assoziations-Clustern zusammengefassten Angaben zur Schütz-Motette ist die Qualität eines frühkindlichen Narzissmus eher implizit als explizit ausgedrückt. Wir finden die für die kindliche Affektivität charakteristischen schnellen Stimmungsumschwünge bei einer großen Skala an unterschiedlichsten Affekten von ängstlich/traurig bis zu froh und lebenslustig. Außerdem ist die Dimension des Körperlichen und des körperlichen Bewegtseins stark ausgeprägt, und es wird ein recht handfestes zwischenmenschliches Interagieren herausgestellt. Diese affektiv frischen und körperbetont interaktiven Assoziationen sind zwar nicht ausschließlich und eindeutig auf frühkindliche Szenen bezogen, sie beinhalten aber zentrale Qualitäten dieser Erlebniswelt. Deshalb vermögen die qualitativen Nennungen implizit die Hypothese 2 zu unterstützen.

## B. Quantitative Ergebnisse
## Auswertung der Skalierungen

Die Motette von Heinrich Schütz erreicht im frühkindlichen Narzissmus keinen Ausprägungsgrad, der im Mittelwert oberhalb von 3,0 liegt (s. Abb. 2). Sie erreicht überhaupt nur in einem Item im Bereich des erwachsenen Narzissmus (»differenziert, nuancenreich«, s. Abb. 3) einen Mittelwert oberhalb von 3,0. Hypothese 2 ist damit nicht bestätigt worden.

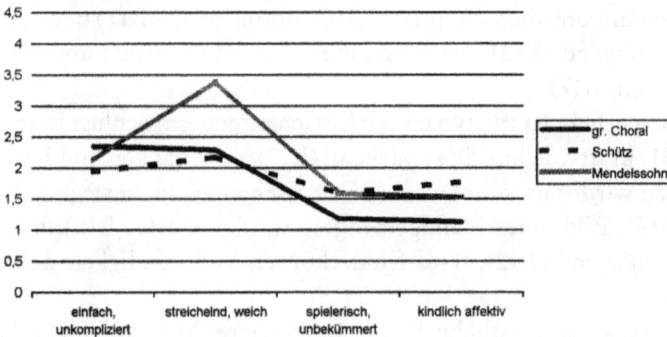

*Abb. 2: Frühkindlicher Narzissmus*

## Musikbeispiel 3: Motette von Felix Mendelssohn-Bartholdy
## A. Qualitative Ergebnisse
## Zu Assoziations-Cluster zusammengefasste Auswahl von Nennungen:

a) **Erwachsenenwelt:** So fühlt sich ein Mensch am Ende eines arbeitsreichen, befriedigenden Tages, am Ende eines Lebens, die Fülle des Gewesenen überblickend (C2), spricht mich sehr an, fühle mich angenommen (C3), Bild von Brahms, der seine Verletzlichkeit hinter einem dicken Rauschebart versteckt (C6), Liebespaar, schön, zärtlich ganz bezogen, vollkommene Befriedigung (C15), Zusammenspiel zwischen Mann und Frau (C7), bin froh, dass da Frauen dabei sind (C17), voll aufgeblühte Rose (C15)

**b) reife Empathie und differenziertes Verstehen:** spricht mich sehr an, fühle mich angenommen, mir wohlwollend (C3), tröstliche Handbewegung, Schutzmantelmadonna, musste weinen, tiefe Berührung Sehnsucht nach Ruhe, Frieden, Traurigkeit, aber auch Aufgehobensein (C6), sich viel mehr anvertrauend und mitziehen lassen wollend (C10), liebevolles Miteinander, Gefühl der Freude, Begeisterung, Achtung und Wertschätzung, starke emotionale Beteiligung, nahe den Tränen (C7), »geht in den Magen« (C11), Erlösung, Melancholie, Trauer, Angst, Hoffnung (C13), Liebespaar, schön, zärtlich, ganz bezogen, Harmonie, Einssein, vollkommene Befriedung (C15), innerlich jubelnd, stark bewegt (C16)

Bei den zu Assoziations-Clustern zusammengefassten Angaben zur Mendelssohn-Motette werden bei den Angaben der Probanden überwiegend Szenen imaginiert, die der Erwachsenenwelt entstammen und die gleichzeitig eine differenzierte intersubjektive Abstimmung der Gefühle als auch Achtung und Wertschätzung beinhalten, wie sie einer differenzierten Empathie unter erwachsenen Personen zueigen sind. Diese Beschreibungen unterstützen damit Hypothese 3.

**B. Quantitative Ergebnisse**
**Auswertung der Skalierungen**

In allen Items zum erwachsenen Narzissmus liegt die Mendelssohn-Motette in ihren Mittelwerten oberhalb von 3,0 (s. Abb. 3). Hypothese 3 ist damit bestätigt worden.

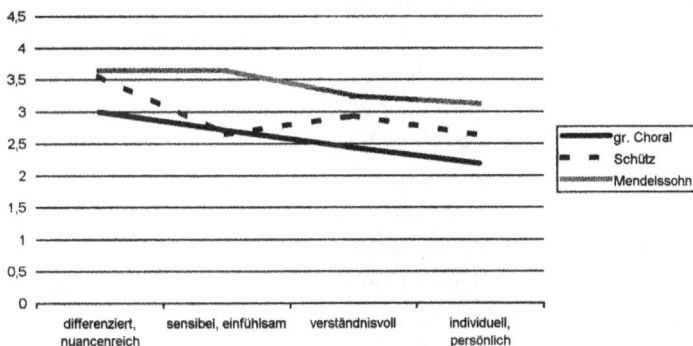

*Abb. 3: Erwachsener Narzissmus*

## Diskussion der Ergebnisse

Die Ergebnisse dieser experimentellen Pilotstudie bestätigen bezüglich des fötalen Narzissmus und des erwachsenen Narzissmus sowohl qualitativ als auch quantitativ die formulierten Hypothesen. Obwohl die Musikbeispiele einem einheitlichen Genre (Geistliche Chormusik) entstammen, werden die Gesänge bezüglich ihrer narzisstischen Qualitäten als voneinander unterschieden erlebt, wobei die unterschiedlichen Charakteristika jeweils den Stadien narzisstischer Befindlichkeit – entsprechend den Forschungshypothesen – zugeordnet werden können.

Die Assoziations-Cluster zum **Gregorianischen Choral** (Musikbeispiel 1) umschreiben sehr deutlich die Qualitäten eines fötalen narzisstischen Erlebens, das von Körpergefühlen des Schwebens, einer archaischen Religiosität, der Geborgenheit in einer größeren Einheit, einer Räumlichkeit von kosmischer Weite geprägt ist. Interessanterweise werden nicht alle fötalen Befindlichkeiten ins Religiöse transformiert, sondern können auch als psychosomatische Zuständlichkeiten im Mutterleib verstanden werden. Dazu zählen Äußerungen, wie »ich visualisiere teilweise Körperinneres« (A4); »ich fühle ein Schwirren um den Kopf und hinter den Ohren« (A17); »ich habe den Atem festgehalten« (A17); »Linien ziehen runter, empor und vorwärts, kreisen um sich herum, kehren immer wieder zu einem Grund zurück ... ein kleiner geschlossener Kosmos« (A8); »Bedürfnis zu schweigen« (A3); »und sagte kein einziges Wort« (A6).

Ebenfalls ein deutliches Bild zeigen die Skalierungsergebnisse. In allen Items des fötalen Narzissmus zeigen die Skalierungen einen Ausprägungsgrad, der oberhalb des Mittelwertes liegt, während die Skalierungen dieser Musik im Bereich des frühkindlichen und des erwachsenen Narzissmus alle unterhalb des Mittelwertes liegen. Die Zuordnung des Gregorianischen Musikbeispiels zum Erlebnisbereich des fötalen Narzissmus hat sich somit sowohl qualitativ als auch quantitativ bestätigt. Das Item »ozeanisch« weist allerdings eine recht große interindividuelle Streuung auf, was vermutlich darauf zurückzuführen ist, dass der Begriff »ozeanisch« in seiner Bedeutung nicht ganz klar ist und von den einzelnen Probanden mit unterschiedlichen Inhalten gefüllt wird. So erscheint es ratsam, bei einer zukünftigen Untersuchung das Item »ozeanisch« durch einen eindeutigeren Begriff zu ersetzen.

Bei den Assoziations-Clustern zur **Schütz-Motette** (Musikbeispiel 2) finden wir in den freien Assoziationen einige Andeutungen auf die Qualität eines frühkindlichen Narzissmus, sowohl in den für die kindliche Affektivität charakteristischen schnellen Stimmungsumschwüngen als auch in den durch lebendige Frische gekennzeichneten körperbetonten Metaphern. Dazu passt auch die Beobachtung, dass während des Anhörens der Motette etliche Probanden mitschwingende, lustvolle Körperbewegungen vollführten. Explizite Begrifflichkeiten und Beschreibungen einer frühkindlichen Szenerie fehlen jedoch. Insofern bleibt der Bezug zum Frühkindlichen unbestimmt und kann nur implizit angenommen werden. Die quantitativen Ergebnisse haben keine Hinweise auf eine frühkindliche Qualität in der Schütz-Motette erbracht und damit die Forschungshypothese nicht bestätigt.

Bei meiner Suche nach Erklärungen für dieses unerwartete Ergebnis bin ich zunächst einmal bei den verwendeten Items hängen geblieben. Das Item »einfach, unkompliziert« ist offenbar zu wenig spezifisch für den frühkindlichen Narzissmus und sollte durch ein geeigneteres ersetzt werden. Das Item »streichelnd, weich« als Ausdruck für Körperlichkeit war für die Schütz-Motette deshalb nicht geeignet, da die Qualität der Musik zwar durchaus körperlich erlebt wurde, aber eher in Richtung von »kraftvoll« und »zupackend«. Da das Spektrum (frühkindlicher) körperlicher Erfahrungen sehr facettenreich ist, ist es nicht adäquat, dass dieser Bereich nur durch eine einzige, sehr spezifische körperliche Qualität (»streichelnd, weich«) repräsentiert ist.

Auch die Items »spielerisch, unbekümmert« und »kindlich affektiv« haben sich nicht als differenzierend erwiesen. Die Gründe hierfür sind meines Erachtens jedoch auf einer anderen Ebene zu suchen. Frühkindliche Affekte sind nicht erinnerbar und unterliegen zudem oftmals einer starken Abwehr, weil sie mit existenzieller Abhängigkeit, ängstigenden und schmerzlichen Erfahrungen bis hin zu Traumatisierungen in Verbindung stehen und deswegen nicht gern wiederbelebt werden. Anders als der fötale Narzissmus, für dessen Erleben und Ausdruck wir das allgemein akzeptierte System der Religion verwenden, und des erwachsenen Narzissmus, der für die meisten Menschen gefühlsmäßig offen zugänglich ist, unterliegt die frühkindliche affektive Welt in stärkerem Maße einer psychischen Abwehr, die einen offenen, direkten Zugang zu diesen Gefühlen nicht zulässt. Wir stoßen hier offensichtlich an die Grenzen von

Skalierungsmethoden, die einen freien, bewussten Zugang zu den erfragten Inhalten voraussetzen. Unbewusste Inhalte jenseits der Verdrängungsschranke können aber nur indirekt über Gegenübertragungsgefühle erschlossen werden, nicht aber durch ein quantifizierendes Verfahren. Bei den qualitativen Ergebnissen haben wir Hinweise auf Frühkindliches in den Äußerungen zu rasanten Stimmungsumschwüngen und einem lustvoll körperbetonten Interagieren angedeutet gefunden, was darauf hinweist, dass ein freies Assoziieren wohl eher in der Lage ist, solche spezifischen, dem Bewusstsein schwer zugänglichen psychoästhetischen Qualitäten zu erfassen.

Bei den zu Assoziations-Clustern zusammengefassten Angaben zur **Mendelssohn-Motette** (Musikbeispiel 3) ist die Qualität eines erwachsenen Narzissmus deutlich ausgedrückt. Es werden bei den Angaben der Probanden Szenen imaginiert, die der Erwachsenenwelt entstammen und die gleichzeitig eine differenzierte, intersubjektive Einfühlung und eine Achtung und Wertschätzung beinhalten, wie sie bei erwachsenen Personen vorzufinden sind. Dieses differenzierte Einfühlen und Verstehen wird auch durch die Ergebnisse der quantitativen Skalierungen bestätigt. In allen Items zum erwachsenen Narzissmus liegt die Mendelssohn-Motette oberhalb des Mittelwertes, während sie in den anderen beiden narzisstischen Bereichen deutlich geringere Ausprägungsgrade aufweist. Es gibt allerdings in jedem der beiden früheren narzisstischen Befindlichkeitsbereiche jeweils ein Item, in dem die Mendelssohn-Motette einen über dem mittleren Wert liegende Einschätzung erfährt: Das ist im fötalen Narzissmus das Item »schwebend, losgelöst« und im frühkindlichen Narzissmus »streichelnd, weich«. Auch diese Ergebnisse sind durchaus mit den formulierten Hypothesen kompatibel, da sie auf die Tatsache hinweisen, dass es zum Kennzeichen eines Musikstücks der reifen Selbstobjekterfahrung gehört, dass in ihm auch die Befindlichkeiten der früheren narzisstischen Stadien im Hintergrund mitschwingen (vgl. auch die Analyse von Beethovens »Mondscheinsonate« bei Oberhoff 2003, in diesem Band).

Damit bestätigen die Ergebnisse dieser experimentellen Untersuchung die Erwartung, dass sich narzisstische Qualitäten in der Musik auffinden lassen und Musikstücke sich aufgrund einer unterschiedlich starken Ausprägung solcher narzisstischer Qualitäten voneinander unterscheiden lassen. Diese Ergebnisse unterstützen die Vermutung, dass Musik – neben anderen Funktionen – eine »Nahrung für den Narzissmus« darstellt. Es ist anzunehmen, dass der Mensch u. a. deshalb Musik macht und hört, weil er in ihr narzisstische Wohlgefühle ausgedrückt findet, die er in ihrer Wirkung als Lebensspender für sein Selbstgefühl sucht und benötigt. Und die Tatsache, dass sich in der Unterschiedlichkeit der Musikstücke auch eine Unterschiedlichkeit ihrer narzisstischen Qualität bzw. eine unterschiedliche Mischung narzisstischer Qualitäten ausdrückt, erlaubt es dem Musikrezipienten, sich solche Musik auszusuchen, zu der er aufgrund von vergangenen Lebenserfahrungen oder einer augenblicklichen Stimmungslage eine besondere Affinität oder ein besonderes Verlangen besitzt.

Es schließen sich bezüglich einer derartigen Musikverwendung natürlich weitere Fragen an: Stellt das Musikhören eine Form des Erinnerns dar, etwa ein Erinnern von Erfahrungen aus fötaler oder vorsprachlicher Lebenszeit? Und welche Funktion hat das Musikhören dann – eine nichtsprachliche Erfahrung zu wiederholen? Oder eine ungenügend bewältigte Erfahrung in etwas Bewältigbares zu überführen? Oder bietet die Musik sich als eine ideale, harmonische Beziehungssituation mit einem idealen Selbst und einem idealen Objekt an, also als eine Wunscherfüllung oder eine neue positive emotionale Erfahrung, die die erlittenen Verletzungen lindert oder sogar gesunden lässt? Ist es hinreichend, wenn Musik *irgendeine* narzisstische Qualität besitzt, oder muss sie eine ganz bestimmte Qualität oder eine ganz spezifische Mischung von narzisstischen Qualitäten haben? Ist es etwa ein Kennzeichen der jeweiligen »Lieblingsmusik«, dass sie genau diese bestimmte Mischung besitzt, die die Psyche benötigt, um sich narzisstisch ausgeglichen zu fühlen?

Diese und ähnliche Fragen müssen im Moment noch offen bleiben. Der Nachweis von spezifischen narzisstischen Befindlichkeiten in der Musik ist jedoch ein ermutigendes Datum. Als ein griffiges und handhabbares Kategoriensystem kann es uns gute Dienste leisten und uns neue Chancen eröffnen, das Geheimnis der Wirkung von Musik zu entschlüsseln.

## Zusammenfassung

Die Ergebnisse dieser experimentellen Pilotstudie bestätigen, dass sich narzisstische Qualitäten in der Musik auffinden lassen und Musikstücke sich aufgrund einer unterschiedlich starken Ausprägung solcher narzisstischer Qualitäten voneinander unterscheiden. Musikstücke mit einer überwiegend fötalen wie auch Musikstücke mit einer überwiegend erwachsenen narzisstischen Qualität konnten als unterscheidbar nachgewiesen werden. Für einen frühkindlichen Narzissmus gab es in den freien Assoziationen implizite Hinweise, die allerdings in den quantitativen Erhebungen nicht zu finden waren, was seine Ursache vermutlich in Unzulänglichkeiten der verwendeten Items hatte. (Eine Wiederholung dieser Untersuchung mit überarbeiteten Items für den frühkindlichen Narzissmus befindet sich in Vorbereitung).

Die Ergebnisse stützen die Annahme, dass die Musik eine Spenderin narzisstischen Wohlgefühls ist und ihr entsprechend die psychische Funktion zukommt, zur inneren narzisstischen Ausgeglichenheit der Rezipienten beizutragen.

## Literatur

Altmeyer, Martin (2000): Narzissmus, Intersubjektivität und Anerkennung. In: Psyche, S. 143–171.

Argelander, Hermann (1971): Ein Versuch zur Neuformulierung des primären Narzissmus. In: Psyche, 25, S. 358–373.

Freud, Sigmund (1930a [1929]): Das Unbehagen in der Kultur. GW Bd. XIV. Frankfurt/M.: S. Fischer.

Grunberger, Béla / Dessuant, Pierre (2000): Narzissmus, Christentum, Antisemitismus. Eine psychoanalytische Untersuchung. Stuttgart: Klett-Cotta.

Kohut, Heinz (1973): Narzissmus. Eine Theorie der psychoanalytischen Behandlung narzisstischer Persönlichkeitsstörungen. Frankfurt/M.: Suhrkamp.

Oberhoff, Bernd (2003): »Diese Musik versteht mich!« – Die Musik als Selbstobjekt. (In diesem Band).

Symington, Neville (1997): Narzissmus. Neue Erkenntnisse zur Überwindung psychischer Störungen. Gießen: Psychosozial-Verlag.

Wahl, Heribert (1994): Glaube und symbolische Erfahrung. Eine praktisch-theologische Symboltheorie. Freiburg: Herder.

# Anhang

## I. Die verwendeten Fragebögen

*Auswertung des subjektiven Musikerlebens*
*Fragebogen A*
Musikstück:
Welche Assoziationen, Gedanken, Gefühle, Körperempfindungen, Phantasien etc. stellten sich beim Anhören des Musikstücks ein?

*Auswertung des subjektiven Musikerlebens*
*Fragebogen B*
Musikstück:
Die erklungene Musik habe ich folgendermaßen erlebt:

|  | gar nicht | etwas | mittel | viel | sehr viel |
|---|---|---|---|---|---|
| anrührend, bewegend, großartig | 0 | 0 | 0 | 0 | 0 |
| schwebend, losgelöst | 0 | 0 | 0 | 0 | 0 |
| einfach, unkompliziert | 0 | 0 | 0 | 0 | 0 |
| differenziert, nuancenreich | 0 | 0 | 0 | 0 | 0 |
| von kosmischer Weite | 0 | 0 | 0 | 0 | 0 |
| streichelnd, weich | 0 | 0 | 0 | 0 | 0 |
| sensibel, einfühlsam | 0 | 0 | 0 | 0 | 0 |
| archaisch, mythisch | 0 | 0 | 0 | 0 | 0 |
| spielerisch, unbekümmert | 0 | 0 | 0 | 0 | 0 |
| verständnisvoll | 0 | 0 | 0 | 0 | 0 |
| ozeanisch | 0 | 0 | 0 | 0 | 0 |
| kindlich affektiv | 0 | 0 | 0 | 0 | 0 |
| individuell, persönlich | 0 | 0 | 0 | 0 | 0 |

## II. Ergebnisse der Freien Assoziationen zu den drei Musikstücken (Fragebogen A)

*A. Freie Assoziationen zum gregorianischen Choral*

A1. Mönche, Jubel, sakral, Melodien schwingen sich um Pfeiler und Gewölbe, Gelassenheit, Geborgenheit

A2. Ruhe, Klarheit, sehr meditativ. Endlosigkeit: es könnte ewig so weiter gehen – ohne deutlichen Anfang oder Schluss. Die Sänger haben einen Zustand erreicht, in dem sie frei von Affekten sind, »über allem schwebend« – dabei vielleicht auch etwas eintönig und langweilig. Ich musste sehr lange zuhören, um innerlich mitschwingen zu können, »einzutauchen«.

A3. Inbrunst, Tiefe. Vorstellung einer Klosterkirche, nur Mönche, keine anderen Menschen. Einsamkeit mit Gott. Ruhe, Schönheit, Dialog. Vorstellung eines Unzerstörbaren, Einigen. Bedürfnis zu schweigen, nichts mehr aufzuschreiben.

A4. Feierliche Empfindung, ungewöhnliche Skalen (für diese Musik), – wirkt nordisch, folkig, – sprachlich kein Zugang, – durch Klang / Hall relativ klare Raumvorstellung (Kirche), – ich visualisiere teilweise Körperinneres, – »alte Musik« (Kirche)

A5. Gregorianischer Choral, Kirche, Missempfindung, mag den Klang nicht (Unisono Männer), zu unstrukturiert, aber nicht so leicht zu hören. Mehrere »Strophen«. Viel Hall: große mitteldunkle Kathedrale (leer), Mönche im Altarraum singen auswendig. Kiche ist mittelwarm. Zu lange!

A6. Gesicht meines verunglückten Mannes. Wut auf die endlosen Versicherungen und bescheuerten Ewigkeitsvorstellungen der »alleinseligmachenden« Kirche. Wut, Trauer und Einsamkeit vor der alles niedersingenden, scheinbar eindeutigen präambivalenten »Männer-Macht«. Verkündend-belehrend. Hilflosigkeit, – russische Überschwemmungsgebiete, – Erinnerungen an frühe Böll-Romane »und sagte kein einziges Wort«.

A7. Weit, strukturierend, offen, feierlich, erhaben, himmlisch, beruhigend, gründend, vertrauensvoll, raumgebend. Morgens um 5.00 Uhr oder abends 23.00 Uhr in der Benediktinerabtei, Gefühl des Eins-Seins.

A8. Linien ziehen runter, empor und vorwärts, kreisen um sich herum, kehren immer wieder zu einem Grund zurück – sie führen Schatten mit sich, so dass Mehrtönigkeit andeutungsweise hörbar wird, ein kleiner geschlossener Kosmos.

A9. Ecclesia, Schauder, Mönche / Mönchsleben, Umberto Eco (Name der Rose), sakraler Raum, getragen vom Klang.

A10. Beruhigend, angenehm, wegtragend, zentrierend, in den Oberkiefer eindringend, in der Ruhe und Klarheit etwas die innere Rebellion anregend. Bild einer norditalienischen Bergkirche im Tessin (romanisch-frühgotisch).

A11. Die winterliche Kirche von Toumées (?) in Burgund. Kalt – Körperempfindungen weichen. Etwas fern, unwirklich. Transzendent – fraglos wahr. Verschwinden, Bedeutungslosigkeit des Individuums (angstfrei!). Erinnerung an eine Lehrveranstaltung vor 30 Jahren über Thomas von Aquin ... »Das Treffen in Telgte«.

A12. Sphärisch – ein Schweben und Gewiegtwerden auf einer Klangwolke; wunderbar. Die tiefen Töne fehlten mir etwas dabei. Die Stimmen wirkten irgendwann später etwas wie »Kopfstimmen«. Vielleicht wollte ich auch wieder »landen« nach dem Schweben; deshalb der Wunsch nach tiefen Lagen.

A13. Erster Gedanke: »Oh Gott, ich wollte Carsten noch anrufen« (ein befreundeter Mönch, der sich von einer Bein-OP erholt). Zweiter Gedanke: Homogenität und Atmosphäre des Klanges bleibt unerreichbar; ein Blick auf das Fenster mit »Gitter« verdeutlicht mir mal wieder: diese Welt ist spürbar, unerreichbar? Erholsamer Kurzurlaub.

A14. In der Zurückgezogenheit der Klostermauern baut sich eine idealisierte Welt auf. Reinheit der Gottesverehrung. Aber die Mönche haben übersehen, dass die Welt mit all ihrem Gut und Böse, Liebe und Hass, Altruismus und Wollust auch in ihnen ist. So beginnt sich das Ausgeschlossene schon in der Mönchsgemeinschaft auszubreiten. Sie merken es nur noch nicht, aber im übertriebenen Nachhall ihrer Stimmen ist es schon zu hören.

A15. Kühlend, luftig, wie an einer frischen Quelle stehend, die Stirn kühlend, körperliches Empfinden des Schwebens, Schwerkraft vermindernd, dennoch anregend, anstoßend, schreitender Rhythmus, mediterran, apollinisch, im Geistigen fragend, wie mit blauer Seide bekleidet, erotisch, geschlechtsindifferent.

A16. Italien, Assisi, Kloster, beruhigend, sanfte Intensität

A17. Ich wüsste gern, wie lange das Stück dauert. Angst vor Zeitverlust. – Stehe davor und will in den Raum nicht rein. Der Raum ist voll Männer, die locken und ich will da nicht hin. – Dann bin ich wieder mit dem künstlich hergestellten Hall beschäftigt. Denke an die Technik der Aufnahme. Dann wende ich mich wieder dem Raum zu. Diese Bewegung ›Raum und fast rein‹ wiederholt sich. – Ich fühle ein Schwirren um den Kopf und hinter den Ohren. Beim schreiben merke ich: Ich habe den Atem festgehalten.

*B. Freie Assoziationen zur Schütz-Motette*

B1. Klare Form, Kraft, dynamisch fortschreitend, große Amplitude, ich fühle mich als Glied einer Gruppe, am Schluss fester Boden.

B2. Das Stück berührt mich sehr, weil ich es gut kenne und selbst mitgesungen habe. Ich bin ganz damit beschäftigt, festzustellen, ob ich mit der Interpretation einverstanden bin. Ich hätte mir als Zweites ein Instrumentalwerk gewünscht, Kammermusik, ein Quartett von Schubert z. B. Oder etwas aus dem 20. Jahrhundert. Enttäuschung – Ärger?

B3. Frage mit ängstlichem Hintergrund, langsame beruhigende Antwort, Milderung der Angst. Sicherheit der Meinung, ringt um innere Überzeugung – immer wieder ängstliche Frage und sichere Antwort. Ich bin nicht von der Antwort überzeugt, fühle mich überfahren, mich nicht miteinbezogen.

B4. Traurig/melancholisch bis froh, – sehr feierlich, – stimmlich facettenreich, auch rhythmisch kosmosisch, – nicht sehr gradlinig (dramaturgisch), Stimmungen wechseln schnell, – Eindruck, als wenn Sänger/innen ›mal vorne und mal hinten‹ stehen, – Text leider schlecht verständlich.

B5. Deutscher Text, recht gut verständlich, 4st.-Messe, (Komponist???). Abwechslungsreich durch Wechsel Frauen-Männerstimmen + verschiedene Dynamik + colla parte Instrumente. Angenehm, weil Metrum ähnlich wie Puls, beruhigend, – ganz toll gesungen, – ausgewogene dynamische Balance des Chores, – habe schon lange nicht mehr in einem guten Chor gesungen. Schade!

B6. Erinnerungen an eigenes Mitsingen im Kirchenchor; schöne Erlebnisse auf Reisen mit dem Chor nach Norwegen und Frankreich. Kindheitsszenen: Familienausflüge im Winter, Kirchenbesuche – ganz schön. Wieder Erinnerungen an Chorzeit: nach den Konzerten in Kneipen, viel Lachen, ziemliche Besoffenheit und Hemmungslosigkeit, die im haltenden Gemeinschaftsrahmen gut gelebt werden konnte. Plötzliche Phantasien von einer Abtreibung aus diesen Jahren. Erinnerungen an Hamburg (Heimatstadt), Gesicht des konzentrierten Chorleiters.

B7. Ich befinde mich in der Westminster Church, Raum ist weit, mit Menschen gefüllt. Anfänglich bittend, zunehmend freier, offener, Weite ausstrahlend.

B8. Vordergrundgelände wechselt mit Fernabliegendem; ein Drängen und Vorrücken im Ganzen bis zur glänzenden Entfaltung. Etwas unverrückbares wird bewegt: man wird stark mitbewegt.

B9. Schönheit der Stimmen, Vollmundigkeit des Chores. Ich fühle mich in den Klang eingehüllt und getragen. Zartheit der Frauenstimmen in reizvollem Kontrast zur Kraft der Männerstimmen in schönem Wechsel zum Tutti. Geschlechterspannung. Polyphonie.

B10. Gedrückt + eingeklemmt. Dann: treibend + erhebend. Nervend, weil unruhig = innere Unruhe erzeugend, d. h. weggehen wollend. Zu abgehackt + zu laut, im Sinne von dominant.

B11. Das mich immer wieder beeindruckende Portrait des alten Heinrich Schütz... Meine Schulzeit in einem Musikinternat taucht auf. Sehr köstlich, »gehalten«, klar. Erfahrungen fallen auf ungebrochenen Grund.

B12. Viel zu laut! Auch Erinnerungen an viele lange und langweilige Messbesuche in der Kindheit. Dadurch war mir der Hörgenuss wohl verdorben. Hatte was Machtvolles und ›Erschlagendes‹ für mich.

B13. Gefühlsbetontes Gedankenwirrwarr. Weite, Wünsche, Alltag, verrauschende Zeit, Segeln – nur Wind und Wellen, glaubend leben, Gottesbilder, Hektik, Zeitmangel. Ausgleich zwischen Bewegung und Ruhe, bewegend und beruhigend.

B14. 120 Jahre später. Die Klostergemeinschaft hat einige Krisen überstanden. Zwei Mönche werden psychotisch, einer ertrank auf merkwürdige Weise in dem im Grunde sehr flachen Klosterteich, einige Mönche verschwanden spurlos und sind ein Jahr später als Söldner in einer kleinen Fürstenarmee aufgetaucht – hieß es. Als dann auch noch ein Mord geschah, hatte der Abt und die Kirchenleitung eingesehen, dass es so nicht weitergeht. Nun gibt es nicht nur Kontakte zum nahegelegenen Nonnenkloster, sondern auch gemeinsame Gottesdienste mit der Gemeinde und manchmal auch kleine Feste. Das hatte zwar – so wurde gemunkelt – dazu geführt, dass einige Mönche das Zölibat nicht mehr so wörtlich nahmen, aber die Dramen und Katastrophen blieben seither aus. Die beiden psychotischen Mönche lebten – gut bewacht – in einem verschlossenen Teil des Klosters.

B15. »Überzeugungsarbeit«, dialogisch, Gruppe der Überzeugten steht gegen einzelne Zögernde, die sich widerständig zeigen, nicht von der

Stelle gehen, störrisch sind, sie bekommen es mit einer zunehmenden Ungeduld zu tun; anfluten, hohe Wellen, zornige Geste, Bild eines Handgemenges. Die Einzelnen sollen sich nicht verlieren in ihrem Negativismus, sondern mit zur Gruppe gehören. Musik, die eine Geschichte erzählt, profan: Diskussion am Tisch, lebendig, Austausch der Meinungen, demokratisch.

B16. Flut, Boot, mitschwingend, bewegt, auf und ab, getragen, stark.

B17. Ich fühle mich getragen von dem Teppich aus Orchester + Chorstimmen. – Helligkeit. – Der Rhythmus mit seinem kräftig zupackenden ›Ectum‹(?) macht Lebens-lust und lässt mich lachen. – Lust, Hoffnung. – Als die Musik verklungen ist, sinke ich zurück auf den Boden. Das ›Licht‹ schwindet. Ich war auf einem fliegenden Teppich. – War froh, deutsche Worte zu hören. – Barocke, feste Kinderkörper, optimistisch. Freude über die positive Tonart.

## C. Freie Assoziationen zur Mendelssohn-Motette

C1. Wogende Bewegung, dann weckende Akzente, Musik entwickelt sich am Text, romantisch, klingt manchmal etwas hohl, Affektivität, die nicht glaubwürdig ist.

C2. Schon wieder ein Chorstück? Beruhigend, besänftigend, so fühlt sich ein Mensch am Ende eines arbeitsreichen, befriedigenden Tages, am Ende eines Lebens, die Fülle des Gewesenen überblickend. Zufriedenheit, Sattheit. Mein quasi professionelles Ohr ist damit beschäftigt darauf zu achten, ob Einsätze, Schlüsse gelingen, ob die Intonation stimmt etc. ...

C3. Spricht mich sehr an, ist beruhigend, fühle mich angenommen, mir wohlwollend, nicht intrusiv, lebensbejahend, angenehmes in sich ruhendes Körpergefühl, schützender annehmender Gott.

C4. Gefühlvoll, – harmonisch facettenreich, – beruhigend, – traurig/melancholisch, – in Kirche, – Text leider nur wenig verständlich, – schöner logischer Aufbau.

C5. Kontrapunktisch, mehr Vibrato im Gesang, a cappella, 4-stimmig, »Wiegenlied«, – ich kenne es, aber es fällt mir nicht ein! Schöne Studentenzeit! Habe es schon gesungen! Leider auch Erinnerung an Requiem für Papa! (hat auch ein A-cappella-Chor gesungen!).

C6. Tröstliche Handbewegung, – Sehnsucht nach Umhüllung, – Schutzmantelmadonna. Bild von Brahms, der seine Verletzlichkeit hinter einem dicken Rauschebart versteckt. Glockenblumen – die Farbe blau – Wind streicht über die Glockenblumen. Sehnsucht nach Ruhe, Frieden. Wunsch, meine Tochter zu sehen – dass es ihr gut gehe. Traurigkeit, aber auch Aufgehobensein. Musste weinen, nicht nur vor Trauer, tiefe Berührung, Glück, sich wiederzufinden in etwas anderem.

C7. Nôtre Dame, Zusammenspiel zwischen Mann und Frau, sich gegenseitig anregend, liebevolles Miteinander, Gefühl der Freude, Begeisterung, Achtung und Wertschätzung, starke emotionale Beteiligung, Herzschlag, nahe den Tränen.

C8. Wie ineinander sich schiebende Kulissen, farbenprächtig, ausbeulend und abbäumend, sich problematisch verwickelnd und auf ein geglättetes Ende hindrängend.

C9. Ruhig, anfangs etwas einschläfernd und langweilig, dann wacht man aber etwas auf. Wirkt auf mich etwas artifiziell und typisch kirchlich (im Sinne eines negativen Klischees). Brav.

C10. Öffnend, anregend, sanft wegtragend, Flug auf einer Wolke, klar, einschläfernd (wie ein Wiegenlied), die Mundwinkel nach untenziehend + den Körper auf angenehme Weise in den Boden ziehend. Sich viel mehr anvertrauend + mitziehen lassen wollend = »Come on, let's go, follow me ...«

C11. Verlorenes kann man nur »behalten«, wenn man's betrauert und sich neu aneignet – und anerkennt, dass es verloren/vorüber ist. Das 19. Jahrhundert ist und bleibt ein faszinierendes Rätsel für mich, »geht in den Magen« ...

C12. Friedliches und harmonisches Klingen, – hat was Beruhigendes, Tragendes.

C13. Erlösung, Melancholie, Trauer, Angst, Hoffnung.

C14. 30 Jahre später: Der nächste Abt nahm einen großen Teil der Reformen zurück. Zwar blieb der Kontakt zum Nonnenkloster erhalten, aber das Volk durfte das Kloster nicht mehr betreten. Die Beichtväter bekamen zwar noch viel zum 6. Gebot gebeichtet, aber eine gewisse versumpfte Lähmung hatte sich über die Klostergemeinschaft gelegt. Allerdings gab es eine kleine Gruppe, die sich der furchtbaren Armut, die zu dieser Zeit in den Städten herrschte, annahm. Mit einer besonderen Erlaubnis zogen sie tagsüber aus, halfen den Bauern mit Ratschlägen, pflegten Kranke und unterrichteten die Kinder. Eine Zeit der Mildtätigkeit nahm ihren noch bescheidenen Anfang.

C15. Tanz, ein Paar, Liebespaar, Schmetterlinge, goldenes Sonnenlicht auf dem Meer, das ruhig und bewegt ist, voll aufgeblühte Rose, intensiver Duft, Liebespaar, schön, zärtlich, ganz bezogen, Harmonie, Einssein, vollkommene Befriedung.

C16. Rom, wohlfühlen, schweben, losgelöst und geerdet, innerlich jubelnd, stark bewegt.

C17. Bin froh, dass da Frauen dabei sind.- Fühle Spannung, die aber angenehm ist. – Als die Tenorstimmen einen tänzerischen Rhythmus anschlagen, wippe ich mit den Füßen, habe Lust, mich zu bewegen. Das geht aber wieder weg. Ich finde das schade. – Sehe Kinder ... Sie müssen sich ›abdämpfen‹. Je mehr die Stimmen zu einem gleichgerichteten Geflecht werden, umso rascher geht mein Atem – etwas unangenehm.

Gehorsam. Teilchen, die von einem Magneten in eine Richtung gedreht werden.

## III. Ergebnisse der Skalierungen zu den drei narzisstischen Erlebnis-bereichen (Fragebogen B)

Ausprägungsgrade:

1 = gar nicht
2 = etwas
3 = mittel
4 = viel
5 = sehr viel


## Ausprägung der narzisstischen Qualität
Skalierungsergebnisse (Mittelwerte, N = 17)

|  | Gregor. Choral | Schütz-Motette | Mendelssohn-Motette |
|---|---|---|---|
| Anrührend, bewegend, großartig | 3,1 | 3,65 | 3,82 |


## Fötaler Narzissmus
Skalierungsergebnisse (Mittelwerte, N = 17)

|  | Gregor. Choral | Schütz-Motette | Mendelssohn-Motette |
|---|---|---|---|
| schwebend, losgelöst | 3,76 | 2,18 | 2,82 |
| von kosmischer Weite | 4,00 | 2,82 | 3,00 |
| archaisch, mythisch | 3,76 | 2,29 | 2,00 |
| ozeanisch | 3,18 | 2,47 | 2,47 |


## Frühkindlicher Narzissmus
Skalierungsergebnisse (Mittelwerte, N = 17)

|  | Gregor. Choral | Schütz-Motette | Mendelssohn-Motette |
|---|---|---|---|
| Einfach, unkompliziert | 2,35 | 1,94 | 2,12 |
| Streichelnd, weich | 2,29 | 2,18 | 3,41 |
| Spielerisch, unbekümmert | 1,19 | 1,59 | 1,59 |
| kindlich affektiv | 1,13 | 1,78 | 1,53 |

**Erwachsener Narzissmus**
Skalierungsergebnisse (Mittelwerte, N = 17)

|                            | Gregor. Choral | Schütz-Motette | Mendelssohn-Motette |
|----------------------------|----------------|----------------|---------------------|
| differenziert, nuancenreich | 3,00           | 3,56           | 3,65                |
| sensibel, einfühlsam        | 2,71           | 2,65           | 3,65                |
| verständnisvoll             | 2,44           | 2,94           | 3,25                |
| individuell, persönlich     | 2,19           | 2,63           | 3,12                |

Eine graphische Darstellung der quantitativen Ergebnisse befindet sich im Text.

# Autorinnen und Autoren

*Leikert, Sebastian*, Jg. 1961, Dr. en Psychanalyse, Dipl.-Psychologe, Promotion in Paris, Psychoanalytiker in freier Praxis in Karlsruhe. Arbeitsschwerpunkte: Psychotherapieforschung, wissenschaftstheoretische Fragestellungen, Psychoanalyse und Ästhetik.

*Nohr, Karin*, Jg. 1950, Dr. phil., Dipl.-Psychologin, Literaturwissenschaftlerin, Dozentin der Arbeitsgemeinschaft für Katathymes Bilderleben und imaginative Verfahren in der Psychotherapie. Psychoanalytikerin in Berlin.

*Oberhoff, Bernd*, Jg. 1943, Dr. phil., Dipl.-Psychologe, Priv.-Doz. für Soziale Therapie an der Universität Kassel, Gruppenanalytiker DAGG, Supervisor DGSv in freier Praxis in Münster. Langjähriger Kammerchor-Leiter (Preisträger). Gründer und wissenschaftlicher Leiter des »Coesfelder Symposiums Musik & Psyche«.

*Tüpker, Rosemarie*, Jg. 1952, Dr. phil., Dipl.-Musiktherapeutin – Psychotherapie, Studium der Musik, Musiktherapie, Musikwissenschaft, Psychologie und Philosophie. Mitbegründerin des »Instituts für Musiktherapie und Morphologie« und der »Gesellschaft für Psychologische Morphologie«. Seit 1990 Leiterin des »Zusatzstudiengangs Musiktherapie« an der Universität Münster.

Bernd Oberhoff

CHRISTOPH W. GLUCK
ORPHEUS
UND EURYDIKE

Ein psychoanalytischer
Opernführer

IMAGO
Psychosozial-Verlag

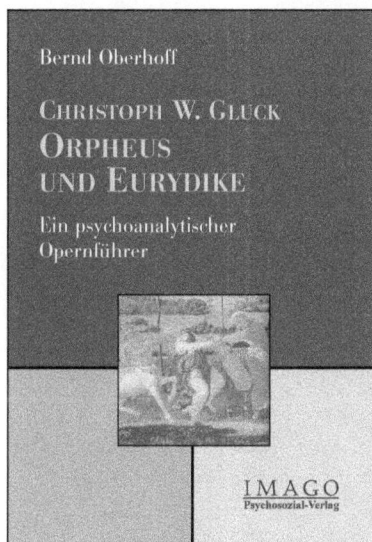

August 2003 · 87 Seiten
Broschur
EUR (D) 10,– · SFr 17,80
ISBN 3-89806-269-4

Bei der Analyse der Tiefenebene der Oper »Orpheus und Eurydike« von Chr.W. Gluck werden wir zweierlei Erfahrungen machen: Wir werden erstaunt sein über die tiefe psychologische Wahrheit, die dieses Musikdrama dem Mythos entlockt. Aber wir werden mitunter auch verwundert sein, über die Deutung, die der Orpheus-Mythos durch Glucks Musik erfährt.

PⓍV
Psychosozial-Verlag

Bernd Oberhoff

WOLFGANG AMADEUS MOZART
DIE ZAUBERFLÖTE

Ein psychoanalytischer
Opernführer

IMAGO
Psychosozial-Verlag

August 2003   93 Seiten ·
Broschur
EUR (D) 10,– · SFr 17,80
ISBN 3-89806-270-8

Mozarts Oper »Die Zauberflöte« hat die Initiation des jugendlichen Tamino und seiner Geliebten Pamina in die Welt der Erwachsenen zum Thema. Doch unterhalb dieses Initiationsgeschehens lässt das Musikdrama den Zuschauer auf einer zweiten Sinnebene einen verborgenen, unbewussten Inhalt durchleben. Es ist vor allem die geniale Musik Mozarts, die diesen Doppelsinn zum Ausdruck bringt. Die Schlange wird zur Führerin in das Reich des Unbewussten, wo ein dramatischer frühkindlicher Konflikt auf seine Lösung wartet.

PV
Psychosozial-Verlag

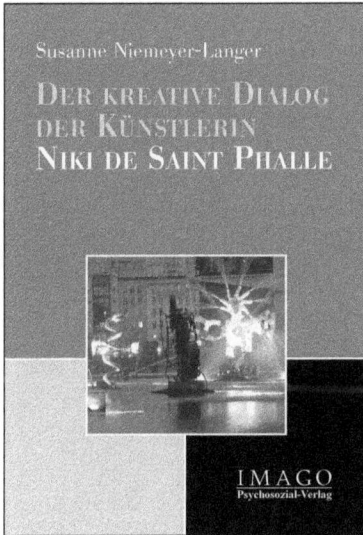

Susanne Niemeyer-Langer

DER KREATIVE DIALOG
DER KÜNSTLERIN
NIKI DE SAINT PHALLE

IMAGO
Psychosozial-Verlag

2003 · 173 Seiten
Broschur
teils farbige Abbildungen
EUR (D) 19,90 · SFr 33,90
ISBN 3-89806-198-1

Basierend auf einer psychoanalytischen Sichtweise eröffnet die Autorin einleitend eine Debatte über Kreativität und Kunst. Dem folgt eine lebendige Schilderung des inneren Wachstums Niki de Saint Phalles, der sich in den Stationen ihrer künstlerischen Entwicklung wiederfinden lässt. Niemeyer-Langer gelingt eine vermittelnde Darstellung zwischen komplexen psychodynamischen Zusammenhängen, faszinierender Lebensgeschichte und den herausragenden Kunstwerken einer außergewöhnlichen Frau. Der Lesende erlebt nicht nur den kreativen Dialog, den die Künstlerin über ihre Werke mit sich und mit ihrem Publikum führt, sondern erfährt auch von ihrem Liebesdialog mit Jean Tinguely, ihrem inspirierenden Lebensgefährten und Begründer dynamischer Kunst.

PⓈV
Psychosozial-Verlag

Bernd Oberhoff (Hg.)

DAS UNBEWUSSTE
IN DER MUSIK

IMAGO
Psychosozial-Verlag

2002 · 137 Seiten
Broschur
EUR (D) 19,90 · SFr 33,90
ISBN 3-89806-180-9

Wir alle haben die Erfahrung gemacht, dass das Hören eines bestimmten Musikstückes uns sehr ergreifen und uns im Tiefesten unserer Seele anzurühren vermag. Die Nähe der Musik zu seelischen Prozessen ist allgemein vertraut. Es heißt, Musik sei ein »Spiegel der Seele« oder auch Musik sei »Nahrung für die Seele«. Da es insbesondere die unbewusste Psyche ist, die durch Musik in Schwingungen versetzt wird, ist die Erforschung des Musikerlebens im Grunde eine genuin psychoanalytische Aufgabe, die bislang allerdings nur sehr zaghaft in Angriff genommen wurde. Musik ist ein verbal nur schwer fassbares Phänomen und man mag geneigt sein, anzunehmen, dass viele Forscher sich bislang von Äußerungen haben entmutigen lassen, in denen die Meinung vertreten wird, dass »Sprache ... nie und nirgends das tiefste Innere der Musik nach außen kehren kann« (Nietzsche).

P🜨V
Psychosozial-Verlag

www.ingramcontent.com/pod-product-compliance
Lightning Source LLC
Chambersburg PA
CBHW020613270326
41927CB00005B/314